Prix : 90 cent. net.

Défends ton argent

Par Claude JOSEPH

Bibliothèque Larousse

Défends

ton argent

Défends ❧ ❧ ❧ ❧ ton argent

Conseils pratiques pour
éviter les pièges tendus
à l'épargne ❧ ❧ ❧ ❧ ❧

Par Gustave SOREPH

**Expert-comptable près les tribunaux.
Sous-chef en retraite à la Banque de France**

JE SÈME A TOUT VENT

4 Gravures hors texte

Bibliothèque Larousse
Paris. - Rue Montparnasse, 17

PRÉFACE

Panurge avait soixante et trois manières de trouver argent, « dont la plus honorable et la plus commune estoit par façon de larrecin furtivement faict ». Le ciel a béni la race de ce fils chéri de Rabelais ; avec le temps elle s'est multipliée, et les dignes descendants du grand ancêtre ont transformé et adapté aux exigences du progrès et de la civilisation l'art de dépouiller élégamment son prochain.

Comme toutes les professions encombrées, l'escroquerie s'est organisée, divisée, spécialisée. Elle est partout et apparaît sous toutes les formes, dans tous les milieux, sous toutes les latitudes; mais on peut affirmer que c'est surtout dans la spécialité financière qu'elle a reculé les bornes de l'ingéniosité humaine.

Il ne s'agit plus de l'escroquerie rudimentaire, grossière et brutale, d'autrefois ; nous sommes maintenant entre gens de bon ton, amis de l'Ordre et des Lois, et la contrainte et la violence ne sauraient plus être de mise : c'est de la meilleure grâce du monde que s'ouvrent les porte-monnaie, que se vident les bas de laine, que s'entre-bâillent les portefeuilles.

Nos modernes Panurges ont des accents touchants et convaincus pour vous prêcher l'épargne et vous conseiller la *prévoyance; pour une rémunération dérisoire, voire pour la simple satisfaction de leur conscience chatouilleuse, ils consentent à mettre à votre service une expérience des affaires qu'ils ont acquise au prix d'un labeur obstiné et de lourds sacrifices. Etes-vous tenté par le démon du jeu ? N'allez pas, surtout, vous aventurer sur le terrain glissant de la Bourse sans ces guides tutélaires ! Ils vous conseilleront et vous mettront sur la bonne voie au moyen de leurs circulaires, bulletins et journaux « absolument indépendants »; ils vous fourniront aussi le bon tuyau, si désintéressés d'ailleurs, qu'ils n'en useront pas pour eux-mêmes et qu'ils feront fréquemment la contre-partie de vos opérations. Avez-vous des capitaux sans emploi, des économies improductives ? Ils vous indiqueront aussitôt un placement sûr et rémunérateur, car ils possèdent des renseignements certains sur des valeurs d'un avenir tout à fait extraordinaire, et font généralement métier de fonder des sociétés anonymes. Désirez-vous améliorer votre condition, grossir vos dividendes, réaliser d'énormes bénéfices avec une modeste mise de fonds ? Rien n'est plus aisé. Ils surveillent votre portefeuille avec autant de vigilance que s'il leur appartenait déjà; ils connaissent d'ailleurs « l'arbitrage qui s'impose » et l'échelle des primes n'a plus de secrets pour eux. Si vous n'allez pas les trouver, ils viendront à vous, car les démarches ne leur coûtent guère pour satisfaire leur naturel penchant à obliger leur prochain.*

Comment se refuser à tant d'aimables avances, comment rester froid devant de si magnifiques perspectives ? C'est bien difficile. Aussi la foule bêlante des gogos, malgré de retentissants exemples qui devraient cependant lui dessiller les yeux, continue-t-elle imperturbablement à se faire tondre dans les louches officines de la finance véreuse.

Quel remède à une telle situation ?

Sans doute, il est désirable que les Pouvoirs publics protègent plus efficacement l'épargne contre les embûches des aigrefins. Déjà quelques projets de loi concernant la spéculation et les sociétés anonymes sont à l'étude, et on peut espérer que les récents scandales qui se sont produits en hâteront la discussion. Mais, il faut le dire bien haut, le meilleur moyen pour n'être pas dépouillé, c'est de ne pas agioter ; c'est de savoir se contenter d'un revenu normal pour ses capitaux ; c'est, enfin, de proportionner ses dépenses à ses ressources, quelque modestes qu'elles soient.

Il y a, dans le fait même de vouloir réaliser sans peine des bénéfices excessifs, un sentiment mauvais et blâmable, qui entraîne fatalement au dégoût du travail et de l'économie, ces deux qualités sans lesquelles, quoi qu'on dise, il n'existe pas de méthode pratique pour s'enrichir.

Le mal devient si grand et ses progrès si inquiétants qu'il est urgent d'aviser.

Une grande association sportive, dans un but d'intérêt public, a fait apposer, à proximité des endroits dangereux de nos grands routes, des plaques indicatrices qui renseignent les chauffeurs, voituriers ou cyclistes sur les écueils du chemin. Notre ambition serait que ce modeste ouvrage pût, de la même façon que ces poteaux avertisseurs, être utile à la masse de nos concitoyens qui, ignorants du péril, se dirigent imprudemment vers les pièges qui leur sont tendus.

Nous aussi, nous crions de toutes nos forces : Attention !

il y a ici une descente rapide au bas de laquelle il faut craindre la culbute ; prenez garde à ce tournant brusque qui dissimule à vos yeux ce détrousseur d'économies !

Malheureusement les zones dangereuses se multiplient avec une rapidité effrayante. Le nombre de gens qui, au vingtième siècle, vivent de l'exploitation raisonnée des passions ou de l'ignorance d'autrui est inconcevable. Du haut en bas de l'échelle sociale, depuis le gros capitaliste jusqu'à l'humble travailleur amassant péniblement quelque modeste épargne, tous ceux qui possèdent sont visés par l'armée des exploiteurs qui les guettent pour les rançonner sans pitié.

Aussi croyons-nous faire œuvre utile en prévenant les victimes désignées du triste sort qui les attend si elles se laissent endormir par de fallacieux espoirs et de mensongères promesses, en leur dévoilant les manœuvres de leurs ennemis, en leur inspirant une juste méfiance à l'égard des charlatans de la finance, en leur rappelant, enfin, ces salutaires avertissements qui devraient être inscrits à la porte de tant de maisons, souvent d'apparence respectable :

Prenez garde aux voleurs !
Défendez votre argent !

Défends ton argent

Si quelqu'un vous dit que vous pouvez
vous enrichir autrement que par le travail et l'économie, ne l'écoutez pas, c'est
un empoisonneur. — B. FRANKLIN.

I. — LE MARCHE FINANCIER

1. — Spéculation. Agiotage. — Qu'entend-on, en
matière de banque et de bourse, par *spéculation* ? Si vous
consultez sur cette question les ouvrages de nos plus émi-
nents économistes financiers, vous apprendrez que la spéculation (de *speculari*, regarder attentivement) est une des plus
hautes manifestations de l'esprit humain. C'est une science
qui ne tend rien moins qu'à mettre en œuvre ces qualités
primordiales : l'observation, le raisonnement et la prévoyance, appliqués plus spécialement ici aux affaires commerciales et financières. C'est elle qui, en proportionnant
les offres aux demandes, tend à régulariser le marché
public ; elle qui recueille les titres flottants et constitue le
réservoir où viendra plus tard s'alimenter l'épargne ; c'est
grâce à elle, enfin, grâce à son audace spéculative, que des
milliards ont pu être souscrits pour de grandes entreprises
d'intérêt public ou pour répondre à l'appel du Trésor national obéré.

Allons-nous nous inscrire en faux contre des appréciations
émanant de personnages aussi considérables ? Nous n'en
avons garde, bien qu'il soit quelquefois prudent de se méfier
du sens étymologique de certains mots qui, sous la poussée
de diverses influences, changent d'acception dans le langage vulgaire et, de même que les espèces, évoluent et se

transforment. Tout en reconnaissant les avantages d'une certaine spéculation, nous nous bornerons à conclure que les
opérations que font en Bourse les tristes pigeons qui y laissent généralement leurs plumes, n'ont qu'un rapport très lointain avec la spéculation ainsi comprise.

C'est au jeu, et la plupart du temps à un jeu de dupes, que
se livre la foule de ceux qui viennent dissiper leur patrimoine ou leurs économies à la Bourse des valeurs, qui donnent
des ordres suivant le caprice de leur inspiration ou sur des
renseignements de rencontre dénués de toute valeur objec-
tive. Leurs opérations ne se ressentent en rien de l'esprit
d'observation et de prévoyance : tel brave homme se juge
spéculateur malheureux perd une petite fortune sur des
valeurs qu'il ne connaît pas, sur lesquelles il n'a jamais
pris d'informations sérieuses; tel honorable négociant englou-
tit le fruit de vingt ans de travail et d'épargne en payant
des différences sur des actions de mines à noms barbares,
et dont il ne saurait dire exactement ni où elles sont situées,
ni même, pour beaucoup, si elles renferment de l'or, du
cuivre ou du charbon !

Cette façon de comprendre la spéculation se nomme plus
généralement *agiotage*, et l'on peut avancer que parmi les
donneurs d'ordres, qu'ils évoluent ou non sur les marches du
Palais de la Bourse, il y a des centaines d'agioteurs pour un
spéculateur.

Vers la fin du xviiie siècle, le mot « agioteur » désignait
celui qui trafiquait au moyen de marchés à terme sur marchandises et sur effets publics. Ces opérations étaient alors
considérées comme criminelles, attentatoires à la chose
publique et réprimées avec la dernière sévérité. Aujourd'hui
la loi est beaucoup moins rigoureuse, et c'est l'agioteur qui,
de son plein gré, se condamne à une ruine à peu près inévitable.

2. — Marché officiel et Marché libre. — Les opérations
concernant les valeurs mobilières — y compris la spéculation et l'agiotage — se font, ou devraient se faire, pour la
presque totalité des titres, par l'intermédiaire officiel qui est
l'*agent de change*, et, pour quelques valeurs spéculatives, par
l'intermédiaire libre qui s'appelle le *coulissier* ou banquier
de bourse.

Le marché sur lequel opère ce dernier se nomme « Marché
libre » en opposition avec le « Marché officiel », qui est
détenu par l'agent de change.

Nous ne nous arrêterons pas sur l'organisation de ces deux marchés. Nos lecteurs désireux de s'instruire sur les lois, règlements et usages concernant les intermédiaires financiers trouveront aisément à satisfaire leur curiosité dans la plupart des traités de bourse ou même dans un certain nombre d'almanachs financiers. Il nous suffira de donner sommairement quelques indications nécessaires à la clarté des sujets que nous aurons à traiter.

Les agents de change, actuellement au nombre de soixante-dix, sont seuls reconnus légalement pour faire en Bourse toute négociation d'effets publics et autres susceptibles d'être cotés. Ils élisent chaque année une chambre syndicale, composée d'un syndic et de plusieurs adjoints au syndic, qui est chargée de veiller à la stricte exécution de la réglementation très sévère imposée à ces officiers ministériels, tant dans l'intérêt public que dans celui de la corporation des agents de change que l'on désigne aussi sous le nom de « Parquet ». C'est encore la Chambre syndicale qui, sous l'autorité du ministre des Finances, a tout pouvoir pour accorder, refuser, suspendre ou interdire la négociation d'une valeur, autre que les fonds d'Etat français, à la Bourse de Paris, soit au comptant, soit à terme.

Les cours cotés sur les valeurs admises par la Chambre syndicale sont publiés dans la *Cote officielle de la Bourse*, qui paraît tous les jours ouvrables, vers cinq heures du soir.

Les coulissiers sont également syndiqués, avec une réglementation moins sévère. On distingue le syndicat des banquiers de bourse en valeurs à terme et le syndicat des banquiers de bourse en valeurs au comptant. Un certain nombre de banquiers en valeurs à terme s'occupent encore de traiter la rente française exclusivement à terme. C'est là une tolérance du Parquet, qui exige cependant que les opérations réelles, celles pour lesquelles il y a un mouvement de titres, passent par son intermédiaire.

La loi du 13 avril 1898 impose à tout courtier opérant sur valeurs cotées l'obligation de produire un bordereau d'agent de change. Les coulissiers sont donc contraints de ne traiter que les valeurs ne figurant pas sur la Cote officielle. Se prévalant des dispositions favorables de cette loi, le Parquet a enlevé au marché libre les principales valeurs de spéculation qui alimentaient son activité, telles que les rentes ottomanes, l'Extérieure espagnole, le Rio, etc.

Il reste néanmoins à la Coulisse un champ assez vaste à cultiver puisque nombre de valeurs ayant un marché suivi ne peuvent être cotés par les agents en raison de prescriptions prohibitives de la loi (1), et que beaucoup de valeurs étrangères ne demandent pas leur inscription à la Cote officielle afin d'échapper aux mesures fiscales que cette inscription entraînerait.

Les cours pratiqués sur les valeurs en banque sont insérés chaque jour dans quelques organes financiers spéciaux, dont les principaux sont la *Cote de la Bourse et de la Banque*, et la *Cote Desfossés*. En outre de la cote en banque, ces feuilles reproduisent encore *in extenso* la cote officielle du Parquet.

3. — Solvabilité des intermédiaires. — Au point de vue de la solvabilité que le public est en droit d'exiger d'intermédiaires tels que les agents de change, pourvus d'un des plus fructueux monopoles que puisse conférer l'Etat, on peut affirmer qu'elle est de nature à dissiper toute crainte à cet égard. Le décret du 29 juin 1898 a substitué à la solidarité de fait qui existait déjà entre les agents une solidarité légale dans les bourses comptant au moins quarante agents. Cette solidarité a pour limites la valeur totale des offices de la Compagnie, calculée d'après les dernières cessions du fonds commun, et le montant des cautionnements. Or, si l'on songe que la valeur moyenne d'une charge d'agent ressort à environ 1 600 000 fr., que le cautionnement est de 250 000 fr. par charge, le fonds de roulement de 500 000 à 1 000 000 de fr., qu'un fonds de réserve important est versé à la Caisse commune, on comprendra qu'il faudrait qu'une crise fût bien terrible pour que le Parquet n'y pût faire face avec ces immenses ressources.

La Coulisse, et principalement la Coulisse à terme, est également fortement constituée sous le rapport de la solvabilité. Le nouveau règlement, voté par les banquiers en valeurs à terme le 18 mai 1907, oblige tout membre nouveau à justifier d'un capital minimum de 1 000 000 de fr., à moins qu'il ne prenne la suite d'une maison antérieurement admise, auquel cas il lui suffirait de justifier d'un capital de 500 000 fr.

Statutairement la solidarité n'existe pas en coulisse et il

---

(1) La Chambre syndicale des agents ne peut admettre au bénéfice de la cote aucun titre d'une valeur nominale inférieure à 100 fr.

serait imprudent de l'escompter s'il survenait un krach sérieux sur les valeurs en banque.

Le syndicat des banquiers en valeurs au comptant a porté, en 1908, le capital exigé pour l'admission de nouveaux membres de 200 000 à 300 000 fr.

4. — Influence des intermédiaires sur les jeux de bourse. — Ç'a été une vérité longtemps incontestée que la spéculation et l'agiotage s'exerçaient presque exclusivement par l'entremise de la Coulisse, tandis que le Parquet opérait surtout au comptant, s'occupant des placements sérieux, des ventes réelles, et n'effectuant guère à terme que des opérations qui se liquidaient par une livraison de titres.

Cette situation s'est modifiée depuis que la loi de 1898 a renforcé le monopole des agents au détriment de la Coulisse. Celle-ci, après un moment bien naturel d'émoi et de bouderie, après un semblant d'exode vers la Bourse de Bruxelles, s'est ressaisie : elle s'est remise courageusement à la besogne et a déployé des trésors d'ingéniosité pour conserver sa clientèle sur les valeurs qui lui ont été laissées, plus spécialement sur les mines d'or. Mais elle a alors trouvé en face d'elle, dans la Compagnie des agents de change, une organisation nouvelle, d'autant plus fortement constituée pour attirer et retenir la spéculation, qu'en dehors du prestige dont elle jouit à juste titre, de la confiance qu'elle inspire, elle avait pris à la Coulisse, en même temps que ses principales valeurs, ses procédés et même une notable partie de son personnel.

Il existe sans doute quelques charges connues, possédant une riche clientèle de comptant où l'on ne fait relativement que peu d'opérations à terme ; mais la plupart des agents qui ont payé fort cher leur charge, qui ont de fortes commandites à rémunérer, recherchent et encouragent les affaires, c'est-à-dire la spéculation. Ce n'est un secret pour personne que beaucoup d'associés d'agents de change ne résistent pas à la tentation de tirer parti de leur situation privilégiée pour jouer à la Bourse. En somme, si le Parquet contient un certain nombre d'agents sages et prudents, on peut avancer qu'il contient également — sans que cette constatation puisse en rien entacher l'honneur de la corporation — un certain nombre d'agents.... d'affaires (1).

---

(1) Voici ce qu'écrivait, en 1903, M. Georges Clemenceau, à l'appui d'une proposition de loi sur la vénalité des offices ministériels :

Ainsi, stimulés par le désir d'augmenter leur clientèle et de réaliser de plus gros profits, les courtiers officiels, de même que les courtiers libres, poussent également à l'agiotage, c'est-à-dire, dans nombre de cas, à la perte, à la ruine.

Il y a dans ce fait, pour beaucoup de rentiers susceptibles de se laisser éblouir et entraîner par le prestige ou la brillante situation de ces intermédiaires, un premier danger qu'il n'est pas inutile de leur signaler.

5. — Inscription des valeurs à la cote. — Nous avons dit quelles sont les prérogatives de la Chambre syndicale des agents de change quant à ce qui touche à l'inscription des valeurs mobilières à la cote officielle.

En ce qui concerne les fonds d'Etats étrangers, l'admission ne peut-être prononcée qu'après autorisation du ministre des Finances.

Les sociétés industrielles étrangères doivent fournir, à l'appui de leur demande, la justification qu'elles se sont soumises aux formalités de l'acquittement de l'impôt sur le revenu, ainsi qu'aux droits de timbre et de transmission.

Le fait que la Chambre syndicale n'accorde pas sans enquête l'inscription à la cote des valeurs émises par les sociétés peut donner lieu à confusion. C'est ainsi que *le public est disposé à croire que cette enquête a porté sur la valeur réelle du titre, sur le caractère sérieux et honnête de l'entreprise, voire sur les chances de réussite.* Il n'en est rien. L'examen de la Chambre syndicale se borne à une question de régularité constitutive. Le Parquet n'assume du reste, du fait de cette inscription, aucune responsabilité.

Il est donc nécessaire de se bien pénétrer de cette idée que *l'inscription d'une valeur à la cote officielle ne lui confère aucune garantie exceptionnelle,* aucun autre avantage que celui d'une négociation plus aisée. Combien de sociétés,

---

« Ce sont incontestablement les agents de change qui favorisent, qui stimulent, qui développent le jeu sur les effets publics, parce qu'ils en vivent. En effet, les neuf dixièmes au moins des opérations de Bourse aujourd'hui sont purement fictives, ne consistant qu'en une sorte de pari à la hausse ou à la baisse qui se solde par le paiement d'une différence. Si les agents de change en étaient réduits aux quelques négociations sérieuses, effectives, qu'il leur arrive d'opérer, ils gagneraient à peine sans doute de quoi couvrir l'intérêt annuel du capital énorme employé à l'acquisition d'une charge. Il y a donc pour eux nécessité absolue de forcer les affaires, de se jeter même dans les hasards qui tournent quelquefois en désastres : telle est la conséquence presque inévitable d'un système qui oblige d'acheter, et d'acheter cher, l'exercice d'un monopole. »

après avoir obtenu sans peine pour leurs actions l'admission à la cote, se sont effondrées dans une banqueroute retentissante, à la suite de laquelle il a été facile de démontrer les vices de leur organisation et le « bluff » de leurs promesses,

Ce que nous disons pour les valeurs du Parquet s'applique, avec plus de force encore, aux valeurs en banque. Leur admission à la négociation à terme ou au comptant ne saurait, hélas ! les transformer *de plano* en titres de tout repos. Les exemples à l'appui de cette assertion sont si nombreux et si fréquents qu'il est inutile d'insister.

Pour nous résumer, il existe heureusement de fort bonnes valeurs inscrites à la cote officielle et même à la cote en banque. Mais, quelle que soit la cote qui les accueille, *il est prudent de n'accorder confiance à une valeur, dont la solidité n'est pas de notoriété publique, sans une enquête sérieuse et approfondie.*

6. — Introduction de valeurs sur le marché. —

L'inscription à la cote d'une valeur ne se fait pas toujours au moment de sa souscription, ni à des cours voisins de la valeur nominale du titre. Certaines valeurs ne sont pas l'objet d'une émission publique, mais sont, suivant l'expression consacrée, « introduites » à la cote quelque temps après leur souscription privée, à des cours généralement fort majorés. C'est là une coutume qui tend de plus en plus à s'acclimater sur notre marché et qui ne laisse pas que de devenir inquiétante pour l'épargne publique.

Voici ce qui se passe :

Un groupe de financiers ou d'établissements financiers se forme en syndicat, ou consortium, à l'effet de prendre « ferme » et de se partager l'ensemble des titres que se prépare à émettre une société commerciale, insdustrielle ou financière. En agissant ainsi ce syndicat ne fait pas un placement, mais une affaire. Il n'entre pas dans ses intentions de garder ces valeurs en portefeuille et d'attendre les résultats de l'exploitation de l'entreprise, mais il entend, au contraire, s'en défaire au plus tôt à des cours qui lui laissent un bénéfice considérable, souvent scandaleux.

C'est un procédé qui ne doit pas être confondu avec celui qui consiste à former un syndicat de garantie pour assurer la réussite d'une émission publique. Nous aurons occasion, dans un prochain chapitre, de traiter cette dernière question.

La méthode employée par le syndicat pour amener le

public à s'intéresser aux titres qu'il détient est extrêmement ingénieuse : avant même d'avoir obtenu leur inscription à la cote, il se livre à une campagne de presse savante, tant dans les journaux financiers qui sont sous sa dépendance que dans la chronique financière des grands quotidiens politiques. C'est alors un concert unanime pour prôner et faire « mousser » cette valeur à laquelle on prédit le plus brillant avenir. On fait miroiter aux yeux des naïfs les plus riantes perspectives ; on se livre, avec le plus grand sérieux, à des calculs de haute fantaisie pour supputer les bénéfices assurés de l'entreprise, évaluer les prochains dividendes et faire entrevoir la hausse prochaine du titre.

Si parmi le consortium se trouve, ce qui arrive fréquemment, une ou plusieurs grandes sociétés de crédit, un mot d'ordre circule dans l'administration, et la publicité écrite se renforce d'une publicité verbale qui est faite par les milliers d'employés à des centaines de milliers de clients.

Lorsque le public a été suffisamment « allumé », on fait alors coter la valeur à un cours dépassant largement le pair et très rémunérateur pour les syndicataires.

Mais le public ne se décide pas immédiatement : il a tellement été refait qu'il garde encore une certaine méfiance. Le syndicat s'entend alors pour « faire les cours », car il sait que la masse des rentiers n'achète qu'en hausse, de même qu'elle ne vend qu'en baisse. La manœuvre est aisée, le consortium ayant encore en mains la totalité des titres : on s'arrange pour que la demande en Bourse soit supérieure à l'offre, et on donne les ordres en conséquence à l'agent de change ou au coulissier, qui se prête volontiers à une combinaison dont il connaît les dessous. On fixe d'avance le cours que l'on veut faire coter dans la journée. On allèche le capitaliste, l'agioteur, par cette hausse persistante, en même temps qu'on continue à leur fournir des « tuyaux » sensationnels sur la prospérité de l'affaire. Le public se décide enfin à acheter, et son intervention a pour premier effet de faire monter encore les cours. Dès lors, c'est le succès. Le syndicat repasse en douceur au bon gogo, à des prix fort avantageux, les titres qu'il a acquis à bon compte, et le tour est joué.

Il faut ajouter que le procédé est indépendant du mérite intrinsèque de l'entreprise. C'est ainsi que nous le verrons réapparaître pour les pires valeurs des banques dites « de placements ». L'affaire n'est quelquefois pas mauvaise, mais il est rare qu'elle justifie les cours exorbitants d'introduction.

Il peut encore arriver que la baisse ne se produise pas

Dessin de DAUMIER.

ROBERT MACAIRE ET BERTRAND.

— Bertrand, j'adore l'industrie... Si tu veux, nous créons une banque, mais là, une vraie banque !... Capital, cent millions de millions, cent milliards de milliards d'actions. Nous enfonçons la Banque de France, nous enfonçons les banquiers, les banquistes, nous enfonçons tout le monde !...

— Oui, mais les gendarmes ?

— Que tu es bête, Bertrand, est-ce qu'on arrête un millionnaire !

immédiatement après que le syndicat s'est dégagé. Le souci de sa réputation, le lancement d'autres affaires lui commandent parfois de soutenir les cours quelque temps encore. Puis, il y a la vitesse acquise ; le public, décidément emballé, se jette sur la valeur jusqu'à ce qu'une circonstance quelconque, une critique autorisée, une déclaration du Conseil d'administration, la fixation d'un dividende plus faible que celui qu'il escomptait le ramène à une plus saine appréciation de la valeur réelle de l'entreprise. C'est alors la baisse.

Quelquefois la baisse éclate brusque, irrésistible. Un « syndicat à la baisse » s'est constitué pour faire tomber à rien les cours si élevés naguère. Alors les mêmes journaux qui vantaient l'affaire la dénigrent systématiquement ; des circulaires « confidentielles » vont semer la terreur et le découragement parmi les porteurs de titres ; des rumeurs sinistres sont propagées en Bourse et ailleurs. Les cours s'effondrent et les syndicataires ramassent les titres à prix dérisoire. Il ne s'agit plus alors que de démentir les fausses nouvelles et de s'efforcer de ramener, par les procédés coutumiers, la hausse du cours des titres, que l'on repasse, une fois encore, à ceux qui s'en sont défaits trop précipitamment.

Ce sont là jeux de princes de la finance.

Beaucoup d'introductions scandaleuses ont été faites sur le marché en banque, telles celles des actions de mines d'or qui n'ont fait leur apparition sur la cote française qu'à des cours vraiment exorbitants. Constamment d'autres valeurs sont ainsi introduites, avec une réclame appropriée et à des prix majorés, tant sur le marché du terme que sur celui du comptant. C'est une pratique fâcheuse et contre laquelle il est urgent de mettre le public en garde.

Le marché officiel n'a, du reste, rien à envier sous ce rapport au marché libre, et les agents de change se sont prêtés, avec autant de complaisance que les coulissiers, aux manœuvres des introducteurs.

Il suffira de rappeler qu'il y a quelques années, au moment de la vogue des valeurs de traction, des financiers aussi avides que peu scrupuleux ont introduit sur le marché officiel des actions de tramways et autres valeurs similaires à des cours fabuleux. C'est ainsi que les actions de la Compagnie générale de traction, au prix nominal de 100 fr., ont été négociées au cours de 300 fr. et valent aujourd'hui 20 fr.; que les actions de l'Est-Parisien, émises à 100 fr., introduites à plus de 700 fr., sont aujourd'hui tombées à 50 fr. Il en est de même pour les actions de l'Ouest-Parisien, pour les tramways de la

Rive gauche, etc. Rien que pour ce groupe de valeurs, c'est par centaines de millions que se chiffre le montant de la rançon que l'épargne publique a payée aux flibustiers de la finance.

Ainsi, rentiers, capitalistes, spéculateurs, méfiez-vous des valeurs introduites à hauts cours ; ne prêtez pas une oreille complaisante aux boniments des trusteurs ; attendez pour vous intéresser à une valeur qu'elle ait vraiment fait ses preuves, dussiez-vous, pour une fois, la payer plus cher qu'à l'introduction.

7. — Du remisier.

7. — Du remisier. — On conçoit que l'agent de change, officier ministériel, obligé à une grande réserve de par la réglementation même de sa compagnie, ne peut se risquer à engager lui-même sa clientèle dans la voie de la spéculation. Le coulissier, plus actif, plus entreprenant, plus audacieux, moins enchaîné par les statuts de sa Chambre syndicale, ne se soucie cependant pas de fournir aux spéculateurs des indications positives, des « tuyaux », comme on dit dans le jargon de la Bourse, qui risqueraient de crever, c'est-à-dire de tourner contre les intérêts de celui qui en aurait fait usage.

Quel est alors le personnage qui, à leur défaut, se chargera du soin d'amorcer le joueur, de le conseiller, de l'entraîner à donner des ordres ? C'est le remisier.

Le remisier a, sur les opérations de Bourse, une action analogue à celle qu'exercent sur les affaires commerciales et industrielles le courtier et le voyageur de commerce. Seulement, si ceux-ci sont des agents utiles à la prospérité commerciale du pays, on n'en peut malheureusement dire autant du premier.

Les remisiers près la Bourse de Paris sont légion. Il y en a de toutes les origines, de tous poils, de tout acabit. Il en est quelques-uns de très capables ; on en trouve même de consciencieux, autant du moins que peut le comporter une profession qui consiste à encourager la passion la plus funeste. Mais la capacité professionnelle du plus grand nombre est au-dessous de tout ce qu'on peut imaginer. Tout leur bagage se résume en une vague connaissance des principales valeurs spéculatives qu'ils préconisent ou qu'ils déconseillent au petit bonheur, sans raison sérieuse, sur la foi d'un article de gazette, ou en faisant état de quelques-uns de ces bruits qui circulent sous le péristyle de la Bourse pour le plus grand profit de ceux qui les ont lancés.

Point n'est besoin de connaissances spéciales ni d'expérience pour s'intituler remisier : des relations étendues, un physique avantageux, un fort aplomb et un bon tailleur, c'est tout ce qu'il faut pour tenir l'emploi.

Les employés d'agents et de coulissiers font souvent la remise dans la maison qui les emploie. C'est même une bonne note pour eux que d'amener des clients sérieux dans la charge ; on dit alors qu'ils sont « débrouillards », et cette qualification élogieuse leurs confère des droits à l'avancement.

Les employés de banque, principalement des grandes sociétés de crédit, fournissent aussi un fort contingent à la corporation des remisiers. Seulement, comme leurs opérations lèsent les intérêts de l'administration qui les emploie, s'ils ne sont pas décidés à résigner leurs fonctions, ils doivent opérer avec discrétion. Certains même, les moins scrupuleux, s'entendent avec un professionnel, moyennant une rétribution ou des avantages débattus à l'avance, et lui livrent toutes indications utiles sur les clients de la maison auxquels il serait profitable de rendre visite. C'est ainsi qu'ils le mettent au courant de la mentalité et des habitudes du client visé et qu'ils lui fournissent la composition de son portefeuille. Ce dernier renseignement a une importance capitale et nous aurons à y revenir lorsque nous parlerons des placements et des sociétés de crédit.

Un grand nombre de remisiers sont des joueurs décavés qui ont fini par s'apercevoir que le vrai moyen de vivre de la spéculation c'est de l'encourager chez autrui. Certains sont amenés à faire la remise en raison de la liberté que laisse cette profession, ou pour utiliser leurs relations mondaines ; d'autres tout simplement parce que leurs aptitudes ne leur permettent pas de faire autre chose.

Les sociétés de crédit, les banques, les changeurs, et en général toutes les maisons qui acceptent et sollicitent des ordres de bourse de leur clientèle, sans être qualifiées pour en assurer elles-mêmes l'exécution sur le marché, rentrent dans la catégorie des remisiers. Il est juste d'ajouter qu'elles éludent quelquefois cette obligation en pratiquant l'*application* ou la *contre-partie*. Nous aurons plus loin à apprécier ces deux procédés. La plupart des contre-partistes ont d'ailleurs commencé par être simples remisiers.

Sans qu'il en ait toujours conscience, la fonction sociale du remisier est détestable : elle consiste surtout à allumer et à entretenir chez le client la passion du jeu et à l'amener jusque dans la gueule des gros requins de la finance qui en font leur pâture ordinaire. *Se défendre contre les entreprises de ces fâcheux courtiers, ne pas croire aveuglément à leurs renseignements, ne pas essayer de leurs systèmes, tels sont les conseils que nous donnons à ceux de nos lecteurs qui ne veulent pas voir s'évaporer leur patrimoine ou leurs économies.*

La remise faite par les agents de change à leurs remisiers est, au maximum, de 30 °/₀ des courtages payés par le client. Les règlements de la Chambre syndicale ne permettent pas un tantième plus élevé.

Les banquiers libres abandonnent, en général, 50 °/₀ de leurs courtages aux remisiers. En outre, certaines maisons de second ordre leur facilitent encore le moyen de prélever sur le client un bénéfice supplémentaire que l'on nomme vulgairement *carotte*.

8. — De la « Carotte ». — Le verbe *carotter* s'emploie dans le langage familier pour désigner l'action de tromper, de duper mesquinement; il se substitue, pour les petits larcins, aux expressions « voler » ou « dérober », qui semblent trop violentes pour la circonstance. En terme de Bourse, la carotte s'entend du bénéfice illicite qu'en dehors de sa rémunération normale le remisier, ou l'intermédiaire, prélève encore sur les opérations de son client. Ce bénéfice est constitué par la différence du cours auquel une négociation a été effectuée sur le marché avec le cours auquel il est annoncé par l'intermédiaire au donneur d'ordre.

Par exemple, si l'action De Beers cote successivement en Bourse des cours qui vont de 315 à 324 fr. et si le remisier fait effectuer une opération d'achat à terme à 318, il priera l'intermédiaire de « répondre » à 320 à son client, et empochera de ce chef 2 fr. par titre, soit 50 fr. (1). Certains courtiers marrons font payer leur coupable complaisance en partageant la carotte avec le remisier, ou même en prélevant pour eux-mêmes une seconde carotte à l'insu du remisier.

Nous nous hâtons de déclarer que nombre d'intermédiaires, qualifiés ou non, ne se prêtent pas à ces combinai-

---

(1) Alors que les négociations au comptant s'exécutent par unité, les négociations à terme ne peuvent s'effectuer que par 25 titres ou multiples de 25. Pour les fonds d'Etats, les plus petites quantités qui se négocient sur le marché du terme représentent 500 fois l'unité de rente. C'est ainsi qu'il n'est pas possible d'opérer en liquidation sur moins de 1500 fr. de rente 3 °/₀ française, de 2000 fr. de rente 4 °/₀ ottomane ou argentine, de 2500 fr. de rente 5 °/₀ brésilienne ou russe, etc.

naisons; même sur le marché libre, il existe des maisons qui sont en affaires d'une absolue correction. Dans ce cas, il est encore possible au mandataire infidèle de jouer à coup sûr sur le dos de son client, c'est-à-dire de prendre à son propre compte l'opération avantageuse qu'il liquide aussitôt avec profit, en même temps qu'il opère de nouveau pour son mandant.

La carotte constitue une pratique extrêmement répandue et l'on peut avancer qu'il est peu de spéculateurs qui ne lui aient pas payé tribut.

Evite-t-on toujours la carotte en spéculant sur le marché officiel ? Il serait téméraire de l'affirmer.

Sans doute les agents de change sont trop corrects et ont trop souci de leur réputation pour consentir la carotte à leurs remisiers, mais nous venons de voir que ces derniers savent, au besoin, se passer de leur concours. De plus, il existe dans toutes les charges un *Compte Erreurs* qui ne laisse pas que d'être parfois inquiétant, et dont le jeu pourrait être utilement surveillé par la Chambre syndicale.

Qu'est-ce donc que ce « Compte Erreurs ».

L'agent de change et ses six commis accrédités pour l'exécution des ordres de bourse sont parfois débordés par les ordres et annulations d'ordres qui leur parviennent à tout moment, très souvent en Bourse, et rien ne semble plus naturel qu'une confusion puisse à certains moments se produire. Si l'agent de change a fait une fausse manœuvre, acheté ou vendu des titres à tort, il n'a qu'un moyen pour réparer sa faute, c'est d'annuler la transaction erronée en faisant l'opération inverse. Le bénéfice ou la perte résultant de la contre-passation est porté au Compte Erreurs.

On le voit, ce compte est obligatoire, et rien n'est plus légitime que sa tenue, mais à une condition : c'est qu'en aucun cas il ne présente un solde créditeur si exagéré qu'on puisse douter que le seul hasard des contre-passations l'ait à ce point enflé.

À quelles causes pourrait-on attribuer l'état anormal de ce compte ?

Supposons que le commis d'agent, ayant reçu un ordre « au mieux », ait pu l'exécuter à un cours exceptionnellement favorable, le plus bas du jour s'il s'agit d'un achat, ou le plus élevé s'il s'agit d'une vente. Ne peut-il être tenté de considérer cette opération comme une erreur, et si les cours s'y prêtent, de la contre-passer dans la même journée à un prix qui laisse un profit à la maison, en même temps qu'il exécute une seconde fois l'ordre qu'il a reçu de son client ?

D'autres combinaisons peuvent se présenter encore : si un ordre de vente, par exemple, a été donné à un cours fixé ou limité, et que ce cours ait été atteint, mais non dépassé, les règlements de Bourse n'obligent pas l'agent à garantir l'exécution de l'ordre. Or, s'il a été réellement effectué, le Compte Erreurs peut encore bénéficier de la différence qui existe entre le montant de la vente et le montant du rachat qui l'annule. Le Compte Erreurs peut encore se remplacer par un nom quelconque, celui d'un des commanditaires de la charge, par exemple.

Nous sommes loin de vouloir prétendre que ces pratiques soient courantes chez les agents de change ; mais il suffit qu'elles soient possibles pour que le devoir de la Chambre syndicale, voire du ministre des Finances, soit de veiller à ce que le Compte Erreurs ne constitue un profit anormal pour aucun des membres du Parquet.

Les coulissiers, qui ne sont arrêtés par aucun règlement gênant, n'ont pas besoin d'imaginer un Compte Erreurs pour encaisser les bénéfices afférents à une opération compensée dans les conditions que nous venons d'étudier : il leur suffit de la porter au *Compte Maison*, c'est-à-dire au compte qui enregistre leurs propres opérations.

Ce même compte peut encore enregistrer les opérations faites par *marché direct*, c'est-à-dire les opérations de leurs clients qu'ils prennent à leur compte sans les porter sur le marché.

9. — Différentes manières de passer les ordres. —

Ainsi, que les ordres soient donnés au mieux ou qu'un cours soit fixé, la carotte est toujours possible. Il est vrai que pour certaines valeurs ayant un marché considérable on peut demander, au comptant seulement, le *cours moyen*, qui se calcule en additionnant les cours maximum et minimum et en divisant le total par deux. Ce cours est généralement sincère. Il se peut cependant qu'un des cours extrêmes soit influencé à dessein par un intermédiaire afin d'obtenir une modification du cours moyen favorable à ses combinaisons.

A terme, on peut encore demander le premier ou le dernier cours. Les affaires au cours moyen et au premier cours se traitent avant l'ouverture de la Bourse ; le dernier cours peut se demander pendant la séance de la Bourse. Le cours moyen s'établit en fin de journée.

En résumé, lorsqu'on opère au comptant sur des valeurs qui sont l'objet de nombreuses transactions, il est préférable de passer l'ordre au cours moyen. Si l'opération comporte un nombre relativement important de titres, on peut la fractionner sur plusieurs bourses afin de moins influencer le marché.

Lorsqu'on opère à terme, il est souvent avantageux de demander le *premier cours* ou le *dernier cours* suivant les dispositions que l'on suppose au marché. On peut encore, dans certaines circonstances, lorsque l'opération n'a pas le caractère urgent, passer l'ordre à un *cours fixé*.

Il est bien entendu que nous ne conseillons la vente ou l'achat à terme que pour des opérations réelles, c'est-à-dire pour celles qui se liquident par une livraison ou une prise de possession des titres. Dans tout autre cas les opérations à terme' de quelque nom qu'on les décore, ne sont qu'un simple jeu, un pari sur une éventualité de hausse ou de baisse. Et nous ajouterons que ce jeu s'exerce dans les pires conditions, puisque en outre des frais de courtage, impôts et reports, il faut encore compter avec la carotte.

10. — Des applications. — L'article 43 du règlement de la Chambre syndicale ne permet pas aux agents de change de se livrer à l'opération dite *d'application*.

Qu'entend-on par « application » ?

Lorsqu'un agent de change reçoit de deux de ses clients des ordres en sens contraire, portant sur une même valeur, il lui est défendu d'attribuer, ou, pour employer l'expression consacrée, d'appliquer au client acheteur les valeurs livrées par le client vendeur. Il doit transporter ces deux opérations sur le marché public, où elles sont mises en présence des offres et des demandes de même nature. En agissant ainsi, on a entendu donner plus d'ampleur aux négociations et fournir une meilleure garantie au public quant à la sincérité des cours cotés.

L'application n'est permise à l'agent de change que lorsqu'il a fait constater par un membre de la Chambre syndicale l'absence d'offre et de demande à un cours plus favorable que celui qu'il veut faire coter.

La Coulisse, qui n'est gênée par aucune interdiction syndicale, peut faire des applications sur toutes les valeurs de son ressort, c'est-à-dire sur celles qui ne figurent pas à la cote officielle. La loi du 13 avril 1898 réserve, en effet, la négociation de ces dernières valeurs aux seuls agents de change. Avant cette loi, les grandes sociétés de crédit, avec leurs nombreuses agences et leur immense clientèle donnant des ordres en tous sens et sur toutes valeurs, pouvaient se livrer fructueusement et sans risques à cette opération d'application. Maintenant elles sont tenues, pour toutes les valeurs du Parquet, de faire réaliser par le ministère d'un agent de change les opérations qui se compensent. Cette négociation constitue, à leur égard, une sorte d'arbitrage ou opération liée pour laquelle elles ne payent le courtage que sur l'opération la plus élevée, vente ou achat.

L'application sur valeurs cotées au marché officiel ne peut donc se faire qu'en violation formelle de la loi, ce qui ne veut pas dire qu'elle ne se fasse jamais. Pour les valeurs en banque, l'application ne rencontre aucun obstacle légal.

11. — Argent contre titres. Titres contre argent.
— L'obligation de représenter le bordereau de l'agent de change pour la négociation de toute valeur admise à la cote officielle ne s'applique pas à certaines opérations directes, par lesquelles les banquiers et changeurs achètent réellement des titres pour leur propre compte et les revendent de même, après les avoir possédés pendant un temps plus ou moins long.

Beaucoup de banquiers et de changeurs mettent à profit cette disposition légale pour acheter et vendre à guichets ouverts des titres cotés au Parquet, principalement des valeurs à lots de la Ville de Paris et du Crédit foncier qui attirent plus spécialement la petite clientèle. C'est ce qu'ils appellent « Argent contre titres, titres contre argent ».

Nous ne verrions aucun inconvénient à admettre cette opération si, trop souvent, les banquiers-changeurs n'abusaient de l'ignorance de leur clientèle en matière financière pour se livrer à des écarts de cours vraiment abusifs. *Il est donc prudent, lorsqu'on désire acquérir un titre ou s'en défaire, de n'accepter le marché qu'après s'être inquiété du dernier cours coté en Bourse sur ce titre.* Si la différence semble trop forte, il est préférable de recourir directement au ministère de l'agent de change.

Les valeurs de père de famille ne sont malheureusement pas les seules qui soient délivrées directement contre argent, et une foule de valeurs avariées, qu'on fait habilement mousser aux yeux des naïfs, sont également « placées » par des financiers sans scrupules. Ces sortes de « placements », qui constituent aujourd'hui une véritable plaie sociale, feront l'objet d'un chapitre spécial.

12. — Emission continue d'obligations par les grandes Compagnies de chemins de fer. — On peut classer comme opération directe l'usage qui s'est introduit depuis quelques années dans les grandes Compagnies de chemins de fer de vendre à guichets ouverts des obligations 3 % et 2 1/2 %. Cette mise en souscription a pour objet de constituer des disponibilités suffisantes à la Compagnie pour être à même de pourvoir au remboursement au pair, par voie de tirages, des obligations antérieurement émises.

D'une façon générale, le prix demandé par les Compagnies pour leurs nouvelles obligations est supérieur aux cours cotés sur les obligations du même type. On doit donc, avant d'acheter les titres offerts, s'informer de leur prix courant, et passer, s'il y a lieu, l'ordre d'achat à un agent de change.

Cependant, lorsqu'on désire se faire délivrer ces valeurs sous la forme nominative, on doit tenir compte que la Compagnie de chemins de fer peut, sans aucuns frais, les immatriculer au nom de l'acheteur, alors que pour la négociation en Bourse, en outre du courtage de l'agent de change, qui est de 1/10 o/o, il faut encore payer un droit de transfert de 1/2 o/o, c'est à dire de 2 fr. 50 par obligation de 500 fr.

Pour certains de ses emprunts, la Ville de Paris a agi exactement comme les grandes Compagnies de chemin de fer. Les prix auxquels elle offrait ses obligations étaient toujours supérieurs aux cours pratiqués en Bourse.

II. — LA CONTRE-PARTIE

1. — Inconvénients et dangers.— On appelle *contre-partie* le fait, pour un intermédiaire, mandataire ou commissionnaire, de ne pas faire exécuter à la Bourse les ordres qui lui sont donnés par sa clientèle, mais d'en faire application à son propre compte ; c'est-à-dire de se constituer, avec ou sans l'agrément de l'intéressé, le « contre-partiste » des opérations qu'il est chargé d'effectuer ou de faire effectuer.

Le contre-partiste agit pour la négociation des valeurs mobilières comme le commerçant, l'industriel, pour les marchandises qu'il achète et qu'il vend à ses risques et périls. Seulement, les marchés conclus par le négociant sont licites parce que les deux parties agissent en toute connaissance de cause, tandis que pour la contre-partie financière les conditions du contrat sont, le plus souvent, ignorées du client, qui pense de bonne foi que les cours qui lui ont été, dans une certaine mesure, arbitrairement attribués résultent de la rencontre loyale de l'offre et de la demande sur le marché public.

De plus, il ne faut pas perdre de vue que les opérations qui se concluent chez le contre-partiste ne se résolvent presque jamais par un échange de titres contre argent, mais qu'elles se terminent ordinairement par des différences à recevoir ou à payer. Dans ces conditions la garantie offerte au donneur d'ordres pour le payement éventuel de ses bénéfices, ou même pour la sécurité de ses couvertures, est limitée à l'honnêteté et à la solvabilité du seul banquier contre-partiste. En effet, celui-ci est, ou n'est pas, qualifié pour opérer lui-même la négociation sur le marché financier. Dans la première hypothèse, on conçoit que le banquier qui spécule contre son mandant inspire moins de confiance que celui qui se cantonne dans son rôle d'intermédiaire ; dans la seconde hypothèse, le danger est plus grand encore, en raison de la solvabilité plus douteuse de la maison de banque.

La contre-partie est aussi vieille que la spéculation ; elle
sévit avec autant d'intensité à la Bourse des marchandises
qu'à la Bourse des valeurs. Elle a pris depuis une vingtaine
d'années une extension si considérable qu'on peut avancer
qu'elle fausse absolument les conditions normales du marché.

L'engouement que cette pratique rencontre dans le monde
de la finance a sa raison d'être : la contre-partie, qui s'exerce
souvent sur la négociation des valeurs minières, constitue par
elle-même une mine fort riche et qui donne d'appréciables
rendements à ceux qui se livrent à son exploitation métho-
dique.

2. — Psychologie de l'agioteur. — C'est une vérité
reconnue, qui s'affirme chaque jour avec l'implacable
rigueur d'une formule mathématique, qu'étant données les
conditions dans lesquelles il opère, le joueur marche fatalement au désastre. Énumérer les causes qui concourent à sa
ruine, c'est, du même coup, étudier sa mentalité.

Si nous admettions que les combinaisons de l'agioteur
aient des chances égales de succès ou d'insuccès — ce qui
n'est pas, nous le verrons bientôt — il n'éviterait pas néanmoins son malheureux sort. En effet, lorsqu'il sera en bénéfice, son gain se trouvera réduit des frais de courtage, des
commissions, très souvent de la carotte, tous prélèvements
que les intermédiaires auront happé au passage ; en cas
d'insuccès, à ses pertes viendront s'ajouter les mêmes lourdes
charges. On le voit, pourvu qu'il change souvent son fusil
d'épaule et multiplie ses opérations, les frais accessoires
auront vite fait de dévorer son capital.

C'est un phénomène analogue à celui qui se produit pour
l'amateur de petits chevaux ou de la roulette lorsqu'il tient
longtemps le jeu, ou pour l'habitué des hippodromes qui
mise souvent et longtemps au Pari mutuel : la cagnotte
mange le principal.

Mais en réalité le joueur de Bourse doit perdre. Il est la
proie désignée des illustres flibustiers de la finance dont les
manœuvres savantes l'ont amené au point de se laisser ruiner sans protestation possible... à moins qu'il ne tombe dans
la gueule de quelque obscur contre-partiste qui lui réserve
d'ailleurs le même sort.

L'agioteur doit perdre :

-— Parce qu'il est amorcé, poussé, conseillé par des courtiers et des rabatteurs ignorants ou malhonnêtes qui vivent
de ses dépouilles ;

— Parce qu'il puise ses inspirations et ses documents dans des journaux et bulletins financiers payés pour le tromper;

— Parce qu'il s'émeut de certaines nouvelles politiques ou économiques qui cachent le plus souvent un piège financier;

— Parce qu'il prête l'oreille aux bruits et rumeurs de Bourse qui sont, en général, propagés par les aigrefins ayant un mauvais coup à tenter;

— Parce qu'il espère sans raisons sérieuses et s'engage inconsidérément;

— Parce qu'il prend peur sans motifs, par pure contagion, et se dégage au moment inopportun;

— Parce que les émotions du jeu, le désir de rattraper les premières pertes, lui ont bientôt enlevé tout sang-froid; qu'il devient imprudent, nerveux, souvent fétichiste;

— Parce que, enfin, les ordres qu'il donne ne sont pas, comme il le pense, le fruit de sa réflexion, mais la résultante du « cuisinage » auquel il est soumis par les diverses influences que nous venons d'énumérer.

La Bourse fait des victimes dans toutes les classes de la société, mais c'est incontestablement le commerce qui fournit à l'agiotage son plus fort contingent. A quelles causes attribuer cette attraction du jeu de bourse sur des hommes habitués par profession à prévoir, à compter, à économiser? Leur situation connue, sur laquelle il est aisé de prendre des informations, les expose-t-elle davantage aux sollicitations des intermédiaires, à la visite des remisiers? La crise qui sévit sur le petit et moyen commerce, par suite de la terrible concurrence des grands magasins, incite-t-elle les commerçants lésés à chercher ailleurs que dans l'exercice de leur négoce des profits problématiques? Nous ne savons, mais toujours est-il qu'on voit chaque jour de braves commerçants perdre en quelques semaines le fruit d'une vie de labeur et de privations.

Les rentiers, les hommes du monde, ceux surtout dont les dépenses excèdent les ressources normales, sont également avides de *tuyaux* et payent presque toujours cher cette malencontreuse curiosité. Le clergé et l'armée constituent aussi une proie facile pour les rabatteurs, mais ils sont, en général, accommodés à une autre sauce: c'est à l'aide des « méthodes infaillibles » ou des « placements » de valeurs qu'ils sont le plus souvent dépouillés.

3.— Le marché direct.— Si le joueur doit fatalement

perdre, le contre-partiste doit gagner, non moins fatalement, surtout s'il fait la contre-partie d'un grand nombre de clients.

Ce serait une erreur de penser que la contre-partie n'est exercée que par des banquiers louches et sans surface, par des courtiers marrons dénués de prestige et de ressources. Non, la contre-partie a été adoptée aussi par des maisons fortement constituées, avantageusement connues, par des courtiers et banquiers sérieux qui ne dédaignent pas cette façon de s'enrichir. Lorsque la contre-partie ne constitue pas leur unique façon d'opérer, elle est au moins une des meilleures cordes de leur arc.

Un exemple topique de la faveur dont jouit ce qu'on est convenu d'appeler le contrat ou marché direct (qui n'est en somme que la contre-partie dissimulée sous une appellation moins décriée) nous est fourni par le nouveau règlement que le syndicat de la Coulisse à terme a voté dans son assemblée du 27 juin 1907. Jusqu'alors — au moins réglementairement — les banquiers en valeurs à terme opéraient toujours à titre de commissionnaires.

Voici les principaux articles du nouveau règlement qui viennent modifier cette situation :

Art. Ier. — Les opérations des banquiers en valeurs à terme, avec leurs clients, sont traitées, soit par *marché direct*, soit à titre d'intermédiaire.

Les uns et les autres sont des marchés à terme comportant le droit réciproque de livrer ou de lever les titres à l'échéance.

Art. II. — Les opérations que le banquier fait par marché direct sont exclusives de tout mandat; elles se traiteront désormais franco, c'est-à-dire sans courtage.

Toutefois les reports au cours moyen et les opérations pour une date franchissant la liquidation en cours donnent lieu ,de droit à courtage, même dans le cas où le banquier les effectue par marché direct. Les autres opérations'par marché direct peuvent aussi donner lieu à courtage, mais seulement en vertu de conventions individuelles qui seraient passées, par écrit, entre le banquier et son client.

Les opérations que le banquier fait à titre d'intermédiaire sont soumises aux règles du mandat et donnent toujours lieu à la perception de courtages conformes au tarif fixé par la Chambre syndicale.

Art. III. — A moins de prohibition expresse émanée du client, le banquier aura toujours la faculté de traiter directement. Le mode d'après lequel chaque affaire a été traitée, marché direct ou opération à titre d'intermédiaire, est indiqué par le télégramme ou par la lettre d'avis.

La réception, sans protestation, de l'avis de l'opération par le client, vaut acceptation définitive des cours et du mode d'exécution de l'opération.

Pour les marchés directs, quand la protestation porte sur le prix, celui-ci est fixé par le président de la Chambre syndicale des banquiers en valeurs à terme ou, à son défaut, par le vice-président, conformément à l'art. 1593 du Code civil. La décision, qui est souveraine et sans recours, est prise sur la demande de l'une ou de l'autre des parties et lui est immédiatement transmise par les soins de la Chambre syndicale. (1)

On le voit, les banquiers en valeurs à terme, dont la situation de fortune de beaucoup d'entre eux est très brillante, réclament à leur tour le Contrat ou marché direct, c'est-à-dire le droit d'acheter ou de vendre la marchandise financière, non plus seulement comme courtiers, mais aussi comme négociants.

Cette faculté, un certain nombre de maisons de Coulisse l'exerçaient déjà, soit clandestinement, soit avec le consentement du donneur d'ordres auquel on faisait signer une déclaration en ce sens.

A côté des coulissiers syndiqués qui revendiquent pour leur corporation ce rôle de marchand de valeurs mobilières que jouent les Jobbers au Stock-Exchange de Londres, il

(1) Voici les réflexions que ce nouveau règlement inspire à M. H. Fontaine, ancien magistrat, directeur de la *Revue Juridique des opérations de Bourse* (n° 10, du 25 août 1907).

L'article premier, libellé à la suite de la délibération du 27 juin, établit une innovation. Jusqu'à cette date les opérations réalisées à la Bourse par le Syndicat des banquiers étaient toutes des opérations de commission. Les règles qui s'appliquaient à ces opérations découlaient du contrat de mandat qui formait l'étendue des obligations incombant au donneur d'odres et au banquier. Le nouvel article du règlement du Syndicat propose deux modes d'opérer : le marché direct et le marché à titre de commissionnaire.

Cette nouvelle disposition ainsi formulée ne souffre aucune critique. Ce n'est pas en vain qu'à maintes reprises on a rappelé la maxime : « Nul n'est courtier qui ne veut, » et si par profession le banquier, dont le rôle consiste à recueillir des offres et des demandes de valeurs de Bourse, est un commissionnaire, aucune considération de fait, aucun texte de loi ne s'oppose à ce que ce dernier, par des conventions particulières, s'affranchisse de son caractère ordinaire et traite directement, avec les acheteurs et les vendeurs qui se présentent, les opérations qui, à moins de stipulations particulières, doivent être exécutées par le banquier, à titre de commissionnaire. Mais, si rien dans la loi ne s'oppose à ce qu'il en soit ainsi, il faut rappeler que le marché direct ne peut dépendre que de la libre volonté des deux parties contractantes, et comme il s'agit de donner, par le marché direct, un caractère nouveau aux opérations que pratique habituellement le banquier, ce caractère ne pourra se former que si, avant toute opération, il est intervenu entre le donneur d'ordre et ce dernier des stipulations particulières arrêtées entre les deux parties en connaissance de cause et établissant qu'avant toute opération le donneur d'ordre et le banquier ont entendu affranchir ce dernier du rôle ordinaire qui lui est dévolu par la loi.

Cette théorie relative au marché direct, enseignée par les auteurs et consacrée par une jurisprudence qui s'affirme, doit former désormais la base des opérations de Bourse. On ne saisit pas pourquoi la législation française priverait ceux qui y sont intéressés d'une faculté qui réside dans l'application de textes de droit dont chacun est fondé à se servir. Et il semble que l'on puisse affirmer que c'est en matière d'opérations de Bourse que l'exercice d'un tel droit devient plus nécessaire, puisque, il faut bien le reconnaître, le rôle du banquier, examiné à titre de commissionnaire, impose à ce dernier de telles obligations et lui fait courir de tels risques, qu'il a le droit de se préoccuper d'une situation périlleuse, à laquelle il doit songer à se soustraire,

existe un certain nombre de banques plus ou moins sérieuses, plus ou moins solvables, qui se livrent presque exclusivement à l'opération de contre-partie. Si ces maisons opéraient d'une façon normale, elles devraient transmettre les ordres qu'elles recueillent aux courtiers qualifiés pour en assurer l'exécution. Elles feraient ainsi, à l'égard de ces courtiers, office des simples remisiers. Elles ont trouvé plus avantageux de se constituer banquiers contre-partistes.

On peut diviser les banquiers contre-partistes en deux catégories : ceux qui font la contre-partie à l'insu de leurs clients, et ce sont les plus nombreux, et ceux qui l'exercent au grand jour, avec le consentement d'une clientèle spéciale, et par des procédés que nous étudierons.

4. — Contre-partie clandestine. — Les banquiers qui opèrent la contre-partie clandestine sont ordinairement organisés à l'instar des coulissiers à la feuille, avec lesquels ils sont souvent confondus par les spéculateurs novices. Ils acceptent indifféremment tous les ordres, qu'ils portent sur des valeurs cotées au Parquet ou sur des valeurs négociées en Banque, et n'en exécutent généralement aucun. Ils payent l'impôt sur les négociations qu'ils opèrent et tiennent, à cet effet, le registre *ad hoc*, exigé par l'Enregistrement. Il va sans dire qu'ils bénéficient du courtage qu'ils font payer au donneur d'ordres comme si l'opération avait été faite par un intermédiaire qualifié.

Lorsqu'il s'agit de valeurs du marché officiel, quelques contre-partistes, pour éviter les réclamations basées sur la violation de la loi du 13 avril 1898, n'hésitent pas à recourir à l'opération, pourtant onéreuse, de la *double lettre* ou de l'*acheté-vendu*.

Il s'agit, en l'espèce, d'obtenir d'un ou deux agents de change deux lettres d'avis, un avis d'achat et un avis de vente des mêmes titres, au même cours. Cette manœuvre a pour objet de masquer l'opération de contre-partie ou, pour mieux dire, de la légaliser.

Par exemple, si un spéculateur passe l'ordre d'acheter 25 titres d'une certaine valeur, fin courant, au premier cours, le contre-partiste fera exécuter cet ordre par son agent de change, en même temps qu'il donnera l'ordre de vente contraire à ce même agent ou à un de ses confrères. Il sera ainsi en mesure de produire le bordereau d'achat de l'agent à toute réquisition qui lui en sera faite.

Dans le même but, d'autres contre-partistes simulent

l'exécution des ordres sur le marché de Bruxelles « usances de Paris », c'est-à-dire aux conditions et usages du marché de Paris. Pour justifier ce procédé, ils se procurent à peu de frais des lettres d'avis et des bordereaux d'un vague agent de change bruxellois. Cette pratique ne rencontre d'ailleurs aucune créance auprès des tribunaux.

Les cours fournis aux agioteurs par le contre-partiste ne sont arbitraires que dans une certaine mesure. Pour qu'il ne se produise pas de réclamation justifiée, il est nécessaire, en effet, que ces cours aient été cotés en Bourse le jour de l'opération ; de plus, pour être vraisemblables ils ne doivent pas non plus être des cours extrêmes. Enfin, lorsque le client a fixé un cours ou qu'il a demandé le premier ou le dernier cours, le contre-partiste est tenu de faire l'application des cours officiellement cotés. Dans certains cas, si bizarre que paraisse cette affirmation, le donneur d'ordres bénéficie d'un cours de faveur. En effet, s'il achète au premier cours, par exemple, un certain nombre de titres qui ont un marché restreint, il est évident que si l'ordre eût été porté sur le marché il eût sensiblement modifié la proportion qui existait entre l'offre et la demande au détriment de celle-ci. Il y a donc des chances pour qu'il ait payé plus cher les valeurs qu'il désirait acheter. Il en est de même pour la vente, car si son ordre était suivi sur le marché il augmenterait l'offre et pèserait par conséquent sur les cours.

C'est une erreur assez commune de croire qu'il est de l'intérêt du contre-partiste de s'immiscer dans les opérations de son client, de le conseiller, de le pousser à acheter ou à vendre telle ou telle valeur afin de réaliser lui-même des bénéfices plus certains. Ce rôle méphistophélesque sous lequel on se représente volontiers le contre-partiste n'est conforme ni à la vérité, ni à la logique.

C'est, au contraire, l'intérêt du contre-partiste de laisser son client agir à sa guise et de se garder de toute contrainte pour le faire opérer dans un sens plutôt que dans un autre. Livré à ce qu'il croit ses inspirations, nous avons vu que l'agioteur doit presque nécessairement se tromper. Dès lors tout conseil qui aurait pour effet de changer ses résolutions ne pourrait qu'être funeste au conseiller contre-partiste. D'ailleurs, quand celui-ci spécule pour son propre compte, il n'est pas mieux inspiré que son client et perd généralement tout ce qu'il veut. Même quand il se borne à « défendre sa position », c'est-à-dire à faire exécuter sur le marché partie des ordres qu'il a reçus, il le fait presque toujours de la façon la plus maladroite et la plus désastreuse pour ses intérêts. Ne voit-on pas d'ailleurs que si le contre-partiste pouvait à coup sûr donner le mauvais « tuyau », il lui serait bien inutile de continuer à recruter des clients, puisqu'il lui suffirait, pour faire fortune, de jouer gros jeu pour son propre compte.

Comme les agents de change et les coulissiers, les maisons de contre-partie ont leurs remisiers qui leur apportent des affaires et touchent une remise calculée sur les courtages payés par les clients. Cependant dans certaines maisons de second ordre la remise est quelquefois accordée, non sur les courtages, mais sur les pertes subies par la clientèle. D'autres maisons, d'un rang plus bas encore, offrent à leurs rebatteurs un tant pour cent sur les couvertures déposées p. les malheureux agioteurs. Dans ces louches officines l'argent déposé ne retourne jamais à son propriétaire. C'est un principe, presque un dogme.

Un certain nombre de contre-partistes, dans le dessein d'attirer et de retenir les joueurs, les font bénéficier de courtages plus ou moins réduits.

5. — Contre-partie déclarée.

— Le syndicat des banquiers à terme n'a pas fait innovation en décrétant la légitimité du marché direct ou contre-partie déclarée. Bien avant l'élaboration de ce règlement, nombre de banquiers, syndiqués ou non, pratiquaient le contrat direct avec l'assentiment de leurs clients auxquels on avait eu soin de faire signer une acceptation formelle avant toute réception d'ordre.

Bien que le nouveau règlement de la Coulisse prévoie la dispense du courtage, presque toutes les maisons de contre-partie déclarée se font payer une commission qui est, en général, du montant des courtages ordinaires ; les frais de report sont également ceux qui sont fixés par le Parquet ou la Coulisse.

La contre-partie déclarée a, sur la contre-partie clandestine, l'avantage d'être exempte de tromperie sur les conditions du marché. En donnant son consentement au contrat direct, le client sait de quelle façon seront exécutés ses ordres ; il peut supputer aussi les risques que courent ses dépôts d'argent.

De son côté, le banquier, s'il se borne à faire la contre-partie des ordres qui portent sur les seules valeurs en banque, n'a plus à redouter les réclamations de ses clients pour inexécution des ordres donnés, et le remboursement des bénéfices perçus.

Le marché direct est légalement organisé sur nombre de marchés financiers étrangers, notamment sur ceux de Berlin, de Bruxelles et de Londres. Il y est consacré par l'usage et entouré de prescriptions ou de garanties que nous n'avons pas le loisir d'étudier ici ; il nous suffira de constater que sa pratique ne semble pas avoir donné lieu à abus ou réclamations.

6. — Contre-partie occulte. — D'ailleurs, que la seule loi de l'offre et de la demande régisse le marché, ou que la contre-partie vienne le fausser partiellement, le résultat est toujours le même : la ruine pour l'imprudent qui se hasarde sans moyens défensifs dans le temple redoutable de la spéculation.

C'est qu'en plus des contre-parties dont nous venons de parler il en existe une autre beaucoup plus à craindre. Celle-là fait en apparence des opérations régulières et s'abrite, pour sévir en Bourse, derrière les intermédiaires qualifiés. Sa puissance est en partie faite du mystère dont elle entoure ses entreprises, de l'anonymat qui la dérobe aux yeux du vulgaire ; aussi la nommerons-nous *Contre-partie occulte*, pour la distinguer des autres. Ceux qui l'exercent peuvent être, à bon droit, décorés du nom de spéculateurs, car ils prévoient et préparent les événements de loin. Ce sont les trusteurs de la haute finance et de la grande banque, les faiseurs de syndicats à la hausse ou à la baisse, les entrepreneurs de sociétés anonymes et fabricants de titres à bon compte, les introducteurs sur le marché de valeurs à des cours de haute fantaisie, tous personnages fort importants qui, par leur situation ou leur savoir-faire, sont à même d'exercer une influence prépondérante sur le marché. Ceux-là font effectivement la contre-partie des ordres que, par leurs créatures, par leurs journaux, par leurs manœuvres scélérates, ils ont amené la masse des petits et gros agioteurs à donner. Ce sont eux qui recueillent en profits les pertes éprouvées par ceux qu'ils trompent et qu'ils dépouillent ; c'est vers leur trésor toujours grossisssant que se dirige le flot d'or qui sort des poches de leurs innombrables et lamentables victimes.

Dans ces conditions, on comprend aisément de quelle façon la contre-partie vulgaire, déclarée ou clandestine, vit aux dépens de la contre-partie occulte : on peut comparer la première au braconnier qui, en chasse gardée, détourne à son profit une partie du gibier rabattu par les soins d'un gros seigneur.

7. — Comptant différé. — Nous avons déjà vu que les opérations directes au comptant sur valeurs mobilières sont licites ; elles ne sauraient porter atteinte au privilège des courtiers que la loi a établi au profit des agents de change, les prescriptions générales qui régissent la vente, et qui forment la matière du Titre VI du livre III du Code civil, ne contenant aucune restriction quant à l'achat ou à la vente de titres.

C'est en s'appuyant sur ces dispositions légales que certains banquiers ont imaginé une contre-partie assez originale qu'ils appellent *le comptant différé*.

Cette opération consiste à acheter ou à vendre « au comptant » des valeurs cotées au Parquet ou en Coulisse, avec cette clause spéciale que l'acheteur aura la faculté de prendre livraison, mais que les délais d'usage pour livrer courront, non du jour de l'achat, mais du jour où l'acheteur fera connaître son intention de lever les titres achetés.

Grâce à cette stipulation, ces opérations dites « au comptant », qui se règlent presque toujours par simple différence, prennent le caractère d'opérations à terme et se prêtent à toutes les combinaisons de la spéculation. Le comptant différé, au point de vue spéculation, a même sur le terme ce triste avantage que l'on peut fractionner la quantité minimum de titres exigée pour le terme, et aussi qu'il est possible d'agioter sur des valeurs qui se traitent exclusivement au comptant.

En raison de ces facilités, le comptant différé s'adresse surtout à la petite épargne, qui doit bien se garder de répondre à ses appels insidieux.

8. — Opérations « au tableau ». — Une autre combinaison ingénieuse pour fractionner les opérations à terme et les rendre accessibles aux petites bourses est l'opération dite « au tableau ».

Voici la curieuse description que fait d'une de ces maisons de contre-partie un jugement récent du tribunal correctionnel de la Seine :

Attendu que les bureaux du Comptoir comprennent un hall où le public est librement admis ; qu'à l'heure de la Bourse, des coureurs de la maison vont et viennent entre le Comptoir et la Bourse, apportant les cours au fur et à mesure de leur publication ; que ces cours, annoncés par un coup de timbre, sont criés par B... ou P... et aussitôt inscrits à la craie sur un tableau ; que tant que ce cours reste inscrit au tableau les prévenus l'acceptent indifféremment de tous leurs clients comme cours d'achat ou de vente au comptant ou à terme, et cela aussi bien pour les valeurs admises à la cote officielle que pour celles du Marché libre ;

Attendu qu'au Comptoir les opérations sont constatées par un échange de fiches entre le client et le banquier contre-partiste ; que sur la fiche signée du client il est mentionné que le client achète directement au Comptoir telle quantité de tels titres à tel cours; qu'à cette fiche signée par le client répond une autre fiche signée du banquier constatant que le Comptoir vend directement à M. X... ou achète directement à M. X... la même quantité des mêmes titres au même cours; que la fiche signée du client mentionne qu'il adhère aux conditions affichées dans les bureaux;

« Que la principale de ces conditions stipule une bonification au profit de la maison, bonification qui consiste dans une différence équivalente au droit ordinaire de courtage, ajoutée au cours lorsque le client se constitue acheteur, venant en déduction du cours lorsque le client se constitue vendeur; »

On peut constater combien la petite épargne est visée par les chevaliers de la Contre-partie. Avertie, elle doit se garder de tomber dans leurs pièges.

9. — Jurisprudence en matière de contre-partie. —

Les contestations entre les banquiers contre-partistes et leurs clients sont fréquentes. Il est peu de semaines où les tribunaux n'aient à statuer sur une ou plusieurs réclamations. De la jurisprudence qui s'est établie sur ce sujet il semble résulter que :

« Les seules opérations de contre-partie au comptant ou à terme qui soient licites, quand elles ont lieu suivant les formes et usages de la Bourse, sont celles que le banquier contre-partiste déclare à ses clients en termes parfaitement clairs et exempts de toute équivoque; qui *portent sur des valeurs du Marché libre ;* qui n'excluent pas, au moment où le contrat est lié entre les parties, la faculté de livrer les titres ou d'en exiger la livraison, même quand l'opération doit finalement se résoudre par le paiement d'une simple différence.

«L'opération de contre-partie boursière, quand elle ne réunit pas tous ces caractères, quels que soient les subterfuges en usage pour lui donner la figure d'une transaction directe, est toujours de la part du banquier contre-partiste un acte délictueux; elle constitue à sa charge, suivant les espèces, soit le délit d'escroquerie, soit le délit d'immixtion dans les fonctions d'agent de change, soit le délit de tenue de maison de jeux ou de paris sur les cours des valeurs. » (1)

Lorsqu'il s'agit de valeurs cotées, négociées sans l'intermédiaire de l'agent de change, en raison de la nullité qui, *ab initio*, entache ce genre d'opérations, le règlement définitif ne peut résulter que de la prise de livraison des titres ou du payement en espèces, par net appoint fait volontairement en connaissance de cause et sans réserve.

(1) Jugement du tribunal correctionnel de la Seine (10e ch.) audience du 11 avril 1907, confirmé par la Chambre des appels correctionnels le 9 avril 1908.

Lorsqu'il s'agit de valeurs non cotées, l'action en reddition de compte de mandat est éteinte lorsque dans sa correspondance le donneur d'ordres a approuvé son compte et donné décharge.

Lorsqu'un règlement définitif est intervenu, les opérations postérieures à ce règlement définitif peuvent seules donner lieu à vérification.

L'extension de la contre-partie a donné naissance à toute une floraison de soi-disant agents d'affaires plus que singuliers. Au moyen de prospectus et d'annonces, ils se font connaître aux clients malheureux, recueillent leurs doléances et entreprennent, souvent à forfait, de les faire rentrer dans leurs fonds envolés. La plupart de ces maisons sont peu recommandables ; elles abandonnent le plus souvent leurs clients de rencontre dès qu'elles ont intérêt à passer, avec armes et bagages, dans le camp opposé.

D'autre part, une certaine clientèle dénuée de scrupules a vite compris le parti qu'elle pouvait tirer d'une jurisprudence qui se montrait de plus en plus sévère à l'égard des contre-partistes : sachant parfaitement à quelle sorte de maison elle a affaire, elle donne des ordres importants, presque toujours sur les valeurs du Parquet. Les cours lui sont-ils avantageux, elle empoche naturellement ses gains sans sourciller ; le sort lui est-il, au contraire, défavorable, elle se refuse, avec la plus insigne mauvaise foi, à solder ses différences, réclame la production des bordereaux d'agents de change que le banquier est bien incapable de lui fournir, et, s'il y a lieu, exige, avec menaces, comme c'est son droit, la restitution intégrale des couvertures déposées.

Dans ces conditions, la contre-partie clandestine est nécessairement appelée à disparaître ou à évoluer. La contre-partie déclarée, limitée aux seules valeurs en banque, semble destinée à lui survivre. Quant à la contre-partie occulte, elle durera jusqu'au jour où l'inlassable M. Gogo aura enfin saisi que si tant de gens sont empressés à faire la contre-partie des spéculations pour lesquelles il se donne cependant tant de mal, sans jamais réussir, il serait peut-être de son intérêt de n'en plus faire du tout. Mais que MM. les financiers se rassurent, ces temps extraordinaires ne sont pas proches !

III. — MÉTHODES INFAILLIBLES

1. — Beware of pick-pockets! — Prenez garde aux voleurs! c'est par cette prudente recommandation que nous voulons entamer ce chapitre, qui traitera de certains procédés malhonnêtes se recommandant de la finance, avec laquelle ils n'ont d'ailleurs qu'une parenté bâtarde.

Les manœuvres que nous dénonçons ici constituent, en effet, de pures escroqueries, des vols qualifiés qui n'ont rien à voir avec la spéculation. Les lois semblent malheureusement impuissantes à les prévenir, et lorsqu' elles les répriment, ce n'est qu'après la ruine de ceux qui ont si malencontreusement placé leur espoir et leurs économies.

Aussi bien la crédulité de ces victimes est-elle sans bornes : rien ne les émeut, ne les lasse ni ne les décourage. Les pièges les plus grossiers, les boniments les plus effrontés, les promesses les plus invraisemblables les trouvent toujours confiantes et charmées.

Il n'est pas de mois où quelque aventurier ne file à l'anglaise, escorté des lamentations de sa clientèle ; pas d'année où, dans un procès retentissant, quelque illustre malandrin ne vienne enfin répondre devant la justice de ses nombreux méfaits ; n'importe : de nouvelles couches de dupes surgissent incessamment et prennent la place des dupes anciennes — tel, dans une mine, le nouveau filon se découvre et s'exploite à la place du filon épuisé. — Mieux encore, le même pigeon qui s'est fait plumer à l'aide d'une « méthode infaillible » essaye, sans perdre un moment, de réparer ses pertes à l'aide d'une autre méthode, non moins infaillible. N'a-t-on pas vu les clients de certain financier en banqueroute acclamer le fauteur de leur ruine, implorer la Justice pour qu'elle le relaxe, lui offrir leurs derniers écus pour lui permettre de recommencer ses fructueuses opérations !

On sait que les victimes ordinaires de ces pseudo-financiers se recrutent de préférence parmi les ecclésiastiques, les officiers en retraite et les femmes qui ont la gestion de leur fortune. Leur inexpérience des affaires, le désir de grossir leurs revenus, leur crédulité, nous pourrions dire leur foi dans le miracle, les incitent à penser qu'il est possible, à l'aide de procédés qu'ils ne parviennent généralement pas à comprendre, de se constituer de bonnes rentes avec une modeste mise de fonds. Ils payent toujours cher cette absence de raisonnement et ce manque de réflexion.

2. — La fortune pour tous. — Le truc généralement adopté par les charlatans de la finance pour recruter leur clientèle spéciale consiste à insérer des annonces alléchantes à la dernière page des grands journaux quotidiens. Quelquefois cette publicité se fait dans des revues, de préférence dans les revues bien pensantes ; on ne la rencontre que très rarement dans les organes financiers, qui ont d'autres chiens à fouetter, nous voulons dire d'autres ours à placer.

Ces annonces promettent naturellement d'abondants profits pour ceux qui consentent à essayer de la « méthode pratique » préconisée par son inventeur. Certaines annonces restent dans une imprécision voulue quant aux « succès certains » de la combinaison ; d'autres, plus osées, donnent des chiffres, et quels chiffres ! C'est ainsi qu'avec une mise de fonds de 1 000 fr. il est possible de se constituer un revenu mensuel qui oscille entre 500 et 2 000 fr ! Cela représente un placement annuel qui va de 600 à 2 400 % ! Quel est le petit rentier vivant chichement de ses maigres revenus qui pourrait résister à la tentation d'améliorer dans de telles proportions sa situation ?

Surtout n'allez pas croire que ces résultats merveilleux sont incertains ou éphémères. Il n'en est rien : le système fonctionne depuis vingt ans et a toujours été couronné de succès ! Alors ?

Alors, si les victimes étaient susceptibles de réflexion, elles se tiendraient peut-être ce raisonnement : Si le génial inventeur et propagateur de la méthode opérait pour son propre compte, et qu'il ne fasse seulement que doubler son capital chaque mois, une simple règle de proportion nous indique que, avec une entrée en jeu de 1 000 fr. il aurait réalisé un capital de plus de 4 millions à la fin de la première année, et qu'il serait multi-milliardaire à la fin de la seconde année. Dès lors, on comprend mal pourquoi ce monsieur se donne un si grand mal pour recruter tant d'indifférents qu'il associe généreusement à sa bonne fortune ! Et si l'on comprend, on se garde bien de donner dans pareil panneau.

La plupart de ces réclames scandaleuses ne livrent pas le secret du « système personnel » grâce auquel on peut s'enrichir à si bon compte. Il en est d'autres qui, tout en restant muettes sur les détails de la combinaison, désignent les valeurs sur lesquelles il est profitable d'opérer. C'est ainsi que certaines valeurs sur lesquelles il s'est produit d'importants mouvements sont plus particulièrement désignées ; ce qui permet au banquier d'affirmer qu'il a déjà fait bénéficier son heureuse clientèle de ces variations de cours, et de donner des chiffres suggestifs.

La rente française est aussi visée, et rien n'est plus aisé que de se faire 3 000 fr. de rente avec une provision de 1 000 fr. C'est le système de « la rente reportable ». Il suffit d'acheter à terme 3 000 fr. de rente et de faire reporter sa position de mois en mois. On encaisse ainsi, à chaque échéance, le montant du coupon, auquel vient s'ajouter le produit d'une hausse prévue par le banquier, escomptée par son client. Si de ces gains on retranche les frais de report, de courtage et d'impôt, il doit encore ressortir un bénéfice qui capitalise de 100 à 500 °/₀ la première mise de fonds. La maison qui préconise et exploite cette ingénieuse méthode néglige à dessein d'envisager cette éventualité : la baisse de la rente, qui ruinerait tous ces beaux espoirs. D'ailleurs, le plus souvent cette maison se garde bien de faire exécuter aucun ordre ; elle trouve plus pratique et plus avantageux de verser les couvertures dans ses caisses, comptant bien n'avoir jamais à les restituer.

Enfin, pour amorcer les dupes, quelques officines ne craignent pas de promettre des profits exorbitants et d'ajouter, pour rassurer les timorés :

Opérations sans risques !

Pertes impossibles !

Il est juste d'ajouter que certaines maisons, moyennant une prime, assurent contre le risque de pertes... en délivrant des bons à lots remboursables en 75 ans !

Lorsque l'annonce dans les grands journaux ne rend pas suffisamment, des bulletins et circulaires sont répandus à profusion en province, de préférence dans les milieux susceptibles de s'émouvoir à leur lecture.

Certains financiers de « haut vol », de l'école du fameux Macé-Berneau, ont pu tenir le coup quelque temps et verser à leurs premiers souscripteurs des dividendes très appré-

ciables. Il ne faut pas croire que ce résultat extraordinaire
était dû au succès de leur méthode et à son heureuse application. Sans doute, la plupart de ces aigrefins sont en même
temps des agioteurs, qui, avec ou sans méthode, se livrent
à des jeux de bourse effrénés. Peut-être quelques-uns se
bercent-ils de l'espoir de tenir leurs promesses ou tout au
moins de rembourser les couvertures encaissées. Mais ce
n'est pas avec les produits d'une heureuse spéculation que
les plus réputés ont pu, pendant plus ou moins longtemps,
abuser l'opinion et faire croire à la réussite de leur système.
Le truc est tout autre : il s'agit ici d'une ingénieuse application de cet axiome toujours vrai : « l'argent attire l'argent ».
C'est avec les fonds déposés par une seconde couche de
clients qu'ils payaient l'intérêt promis aux premiers clients,
et c'est grâce à la publicité donnée à cette distribution de
fabuleux dividendes qu'ils attiraient à leurs guichets une
foule toujours plus nombreuse. D'ailleurs l'argent distribué
sous forme d'intérêts ne tardait pas à faire retour à la banque
sous forme de nouvelles couvertures apportées par les
gogos étonnés et ravis d'une pareille aubaine.

Les choses duraient ainsi jusqu'à ce que notre financier,
voyant le magot convenable et craignant les premières
réclamations, jugeât l'instant propice pour prendre l'express
de Bruxelles.

3. — Pseudo-remisiers. — Le titre de banquier, jadis
recherché, ne fait plus prime sur le marché. Beaucoup trop
d'aventuriers sans scrupules s'en sont parés et l'ont traîné
avec eux sur les bancs de la cour d'assises. Aussi, nombre
d'inventeurs de systèmes financiers répudient cette qualification pour s'intituler plus modestement « remisiers ».

Mais quels remisiers ! voyez plutôt leurs prospectus ! Rien
de ce qui touche à la Bourse ne leur est étranger ; ils en
connaissent toutes les ficelles et toutes les roueries. Leurs
relations sont étendues et précieuses. Ils possèdent des
informations sûres sur toutes valeurs cotées et non cotées ;
les marchés au comptant, à terme ou à prime, n'ont plus de
secrets pour eux.

Les combinaisons les plus ardues ne sont que jeux d'enfant pour de pareils gaillards ; aussi est-ce dans l'opération
dite « Echelle de primes » qu'ils triomphent. Ils y triomphent
d'autant mieux que le brave client n'y connaît goutte, qu'il
reste ahuri à la lecture de l'opuscule où, sous couleur
d'expliquer la combinaison, on lui jette à la tête les termes

techniques de « pied de prime, défense, amélioration, élar-
gissement ou renforcement de l'échelle, » etc. Après quoi,
profitant de la stupeur du bonhomme, on lui propose de
le guider dans ce dédale moyennant une honnête commission. L'offre est tentante de la part d'un monsieur si compétent qui semble négliger ses propres intérêts pour se
consacrer à l'édification de la fortune d'autrui.

Tous les pseudo-remisiers n'opèrent pas avec la même
méthode ni suivant les mêmes principes. Certains se contentent de guider le client, de lui conseiller les opérations
avantageuses, et, en cas de succès, de prélever sur les gains
une commission qui varie entre 10 et 30 %. Beaucoup de
ceux-là « ne reçoivent ni fonds ni titres », mais les font
déposer chez un banquier ami, intermédiaire qualifié ou
contre-partiste, chez lequel ils touchent encore une forte
remise. On peut supposer que cette dernière rémunération
constitue pour eux un gain moins aléatoire que le tantième
pour cent qu'ils reçoivent sur les profits de leurs clients.

D'autres remisiers, les plus nombreux, ne voulant pas
divulguer leur brillante méthode, ou prétendant qu'elle ne
peut être appliquée que par eux-mêmes, se chargent seuls
de la direction des opérations. Le client n'est avisé qu'après
coup de négociations imaginaires dont le résultat le plus
certain est d'absorber les couvertures déposées. Ce sont
surtout les échelliers de fantaisie qui usent de cette « méthode
pratique ».

Certains pirates de la remise, ayant également l'entière
direction des affaires spéculatives, achètent et vendent à la
fois, et au premier cours, une même valeur ; ils n'avisent le
client que de l'opération qui a mal tourné, s'attribuant
l'opération contraire, qu'ils liquident aussitôt avec un bénéfice
assuré.

Il faudrait tout un volume pour dévoiler les ruses et dénoncer les méthodes de ces apaches de la spéculation ; ce que
nous en avons dit suffit pour mettre les moins clairvoyants
en garde contre leurs malhonnêtes entreprises.

4. — Escroqueries aux « Reports ». — Pour beaucoup
de banques véreuses dans lesquelles « on ne rend jamais l'argent », l'important est d'attirer et de retenir en caisse les
fonds et les titres des gogos. Tous les prétextes sont bons
pour arriver à cette fin. C'est ainsi qu'elles ont imaginé de
prendre les fonds et même les titres « en report ».

La chose pourrait paraître vraisemblable et régulière pour

les fonds, si ces banques ne promettaient une rémunération beaucoup plus forte que celle qui est fixée, pour les reports du Parquet, par la Compagnie des agents de change, et pour les reports hors Bourse, par les banquiers libres et les grandes sociétés de crédit.

Quant aux titres dits « en report », c'est une pure escroquerie. Lorsque en liquidation il se manifeste sur une valeur un fort découvert à la baisse, les vendeurs sont parfois obligés de courir après le titre et de payer pour sa location une commission que l'on nomme « déport ». Mais le report sur titre est une opération chimérique.

En réalité ces officines gardent les fonds, vendent ou déposent en nantissement les titres et s'arrangent pour ne restituer ni les uns ni les autres.

IV. — PLACEMENTS DE VALEURS

1. — Un fléau national. — Parmi les manœuvres financières, plus ou moins entachées d'escroquerie, qui sont dirigées contre l'épargne publique, on peut placer au premier rang, comme la plus dangereuse et la plus malfaisante, l'opération dite « des placements de valeurs », qu'il ne faut pas confondre avec les valeurs de placement. Cette dernière expression sert à désigner les titres de premier ordre, ceux que les pères de famille font sagement de mettre en portefeuille. Tout au contraire, les valeurs dont nous allons nous occuper sont, en général, très médiocres, et leur placement constitue un commerce souvent lucratif, mais toujours malhonnête.

Le placement de valeurs consiste à écouler, ou, pour employer un terme consacré, à « infiltrer » dans le public, à un prix fort au-dessus de leur valeur réelle, les titres émis par certaines sociétés anonymes ou en commandite par actions. La constitution de ces sociétés, dont le but apparent est l'exploitation d'un commerce ou d'une industrie, offre des particularités caractéristiques qui les distinguent des sociétés honnêtes et normales et qui dévoilent assez clairement le but réel de l'entreprise.

Disons, pour préciser, que le placement se fait rarement en obligations, qui ne présentent qu'une marge trop restreinte à la spéculation pour se prêter aux mensonges d'une réclame outrancière. C'est une spécialité qui, avec les fonds d'Etats, revient aux sociétés de crédit.

Les placements sont quelquefois l'opération accessoire de sociétés de crédit, de maisons de coulisse, de banque ou de change ; le plus souvent ils constituent l'opération principale, fondamentale, de certaines « banques de placements » qui ne se sont montées qu'en vue de se livrer à cette industrie.

La plupart de ces banques ne placent que leurs propres actions ou le papier des sociétés créées par leurs soins et qu'elles appellent leurs « filiales ». Très logiquement d'ailleurs, elles estiment qu'il est économique de fabriquer elles-mêmes la marchandise sur laquelle elles opèrent, en l'espèce les « valeurs de la maison ».

Les procédés les plus usités pour assurer l'écoulement des actions consistent dans une publicité bien comprise et dans l'emploi de placiers et de voyageurs que l'on nomme communément « démarcheurs ». De plus, les divers services de la banque concourent tous d'une façon ingénieuse à la réussite de l'opération principale.

Les placements présentent surtout ce côté navrant qu'ils s'adressent de préférence à la petite épargne, plus susceptible de se laisser séduire et tromper par les charlatans de la finance. Parmi les victimes de ces officines, s'il se trouve des spéculateurs plus ou moins intéressants, on y rencontre, en grand nombre, des braves gens dont l'ignorance et la crédulité ont été indignement exploitées. Il y a là, pour le législateur, œuvre de protection et de justice à accomplir.

Un autre côté fâcheux de ces pratiques, c'est qu'elles tendent à créer une confusion entre de bonnes valeurs industrielles, émises par des sociétés saines, à l'abri de tout reproche, et le papier avarié lancé par les maisons de placements. Le public, si souvent échaudé, n'a pas les éléments nécessaires pour discerner, et englobe injustement dans une même méfiance des titres absolument différents.

La disparition des marchands de mauvais papier ne sera pas seulement un bienfait pour l'épargne, elle contribuera encore à l'essor si désirable des grandes sociétés commerciales.

2. — Fabrication du titre. — La loi du 24 juillet 1867, modifiée en 1893, fut élaborée avec l'évidente préoccupation d'encourager la formation des sociétés. En dépit de la prudence du législateur, il nous faut constater combien il est facile aux entrepreneurs de sociétés de tourner les dispositions essentielles de cette loi.

Les sociétés créées en vue du placement de leurs actions ont pour caractéristiques la fictivité des souscriptions et l'exagération des apports.

a) *Fictivité des souscriptions.* — La loi de 1867 a fixé à sept le nombre minimum des actionnaires de la société anonyme. En réalité ce nombre est rarement atteint et sur les sept fondateurs il y a quelquefois jusqu'à six hommes de paille auxquels on attribue, à titre gratuit, une ou plusieurs actions libérées du quart.

Au moins le versement du quart sur le capital en numéraire, légalement nécessaire à la constitution définitive de la société, est-il toujours intégralement versé ? En apparence, oui ; en réalité, très rarement. Il figure bien à la première page du Livre-Journal social, mais au verso on s'aperçoit qu'il s'est aussitôt dissipé comme une vapeur inconsistante.

Il convient tout d'abord de remarquer que, le capital apport étant toujours enflé, comme nous le verrons plus loin, le capital espèces n'est souvent pas considérable. Rien n'est alors plus facile que de récupérer par une contre-écriture le quart fictivement versé.

La supercherie la plus employée consiste à ouvrir sur les livres un compte « Frais de constitution et commission aux intermédiaires » que l'on crédite généralement de 10 %, ou davantage, du capital social. Il va sans dire que ces frais sont imaginaires, mais cela permet de dissimuler le néant des souscriptions.

Par exemple, si le capital social est de 1 000 000 de fr. dont 600 000 fr. d'apports et 400 000 fr. en numéraire, le quart de cette dernière somme, soit 100 000 fr., figurera dans la comptabilité comme ayant été versé, conformément aux prescriptions légales, et repris immédiatement pour couvrir les frais de constitution et d'émission.

Il y a d'autres ruses pour atteindre ce même résultat ; par exemple, celle qui consiste à attribuer à l'associé apporteur, en outre des actions d'apport, une somme en espèces. On suppose bien que cette somme est précisément du montant du quart numéraire à verser.

Quant aux versements libératoires subséquents, le banquier ne les effectue qu'au fur et à mesure des placements d'actions.

b) *Exagération des apports*. — Pour ce qui est de l'exagération des apports, on s'en fait difficilement une idée si l'on n'a pas eu occasion d'étudier les statuts de quelques-unes de ces sociétés vaudevillesques. Le moindre apport, fonds, terrain, immeuble ou brevet, y est estimé à un prix fantastique. Tel terrain, soupçonné de renfermer du minerai, et que l'on a acquis à bas prix, pour lequel même on ne possède en poche qu'une promesse de vente, est évalué dix, vingt fois son prix d'achat, après un rapport de la plus haute fantaisie, écrit par quelque vague ingénieur, sous l'inspiration du « patron » de l'entreprise. Tel brevet payé par un morceau de pain acquiert à son entrée sociale une plus-value bouffonne.

On connaît des financiers qui se sont fait une fructueuse spécialité en rachetant à bon compte le fonds et le matériel de commerces et d'industries qui périclitaient, les terrains sur lesquels on avait déjà tenté une exploitation minière qui n'avait donné aucun profit. Nantis de ces « rossignols », ils constituent une société à laquelle ils en font apport pour un prix invraisemblable.

Ce sont surtout les « connaissances spéciales » qu'on prise particulièrement dans ces sortes de sociétés. Il n'est pas rare de voir cet apport intellectuel absorber plus de la moitié du capital social. Les relations, dossiers, études, plans et devis sont aussi hors de prix. Cependant les connaissances spéciales de ces messieurs ne sont pas celles qu'un vain peuple de gogos pense, et leurs relations les plus suivies sont souvent celles, plutôt délicates, qu'ils entretiennent avec MM. les juges d'instruction.

Mais, objectera-t-on, il y a le commissaire-vérificateur auquel la loi a confié le soin d'apprécier la réalité des apports; il y a l'assemblée générale qui doit les discuter, les accepter ou les rejeter. Pour ce qui est de cette dernière, sa composition même lui interdit toute protestation. En ce qui concerne le commissaire aux apports, c'est presque toujours quelque pauvre hère, aussi étranger à la comptabilité qu'aux affaires, qui, pour une maigre allocation, signe aveuglément un rapport préparé par les intéressés. En faisant quelques sacrifices pécuniaires on peut cependant se procurer un comptable, expert mais canaille, susceptible de faire un rapport remarquable sur la sincérité des apports, voire des apports en connaissances spéciales et relations.

Nous ne parlons que pour mémoire des sociétés dans lesquelles l'apport en nature est absolument fictif; ici on exploite des mines, des terres, des concessions lointaines qui n'ont jamais existé que dans l'imagination féconde des fondateurs de la société. Il suffit de parcourir la chronique des tribunaux pour s'assurer que ce type de société n'est pas si rare qu'on pourrait le penser. Leur constitution donne généralement lieu à des comptes rendus d'ingénieurs prospecteurs absolument concluants, ainsi qu'à des rapports de commissaires aux apports tout à fait remarquables.

c) *Disponibilité des actions d'apport.* — Nous avons vu quelle est l'importance du capital apport dans ces sortes de sociétés. Or l'art. 3 de la loi sur les sociétés dit que les actions d'apport, qui doivent toujours être intégralement

libérées, ne peuvent être détachées de la souche et ne sont
négociables que deux ans après la constitution définitive de
la société.

Cette interdiction gêne considérablement les négociants
en titres, qui doivent attendre deux ans avant d'écouler le
plus gros paquet de leurs actions. Or qui peut assurer une
telle longévité à leur société ? Leur esprit subtil a donc été
naturellement amené à éluder ces dispositions gênantes. Ils
y arrivent en fondant une nouvelle société qui consent à
acheter au comptant le fonds, terrain ou brevet qui fait l'objet de l'apport dans la première société. Celle-ci se liquide
et se dissout aussitôt, et nos bons émetteurs, sans bourse
délier, se trouvent en possession d'actions de numéraire de
la seconde société, entièrement libérées et immédiatement
disponibles.

d) *Conseils d'administration.* — Lorsque, à la suite de la
déconfiture de quelqu'une de ces sociétés, on a la curiosité
de parcourir la liste des administrateurs qui ont patronné
l'entreprise, on reste surpris et péniblement impressionné :
à côté des aigrefins connus et cotés qui ont monté l'affaire
et en ont largement profité, on y voit figurer des hommes
qu'un passé d'honneur et de probité ne semblait pas desti-
ner à telle mésaventure. Ce sont des officiers et des magis-
trats en retraite, des hommes politiques ayant occupé des
situations considérables, d'anciens négociants honorablement
connus. Sans quelquefois avoir nettement conscience du rôle
qu'on leur a fait jouer, ni de l'indignité du principal action-
naire, ils ont contribué à tromper les souscripteurs en leur
offrant en appât leur nom, leurs titres et leurs décorations.
Ils sont généralement poussés à cette action par le désir de
grossir leur pension de retraite, d'augmenter leurs revenus
qui ne sont pas proportionnés à leurs besoins. Ils ne recueillent
le plus souvent que la honte et les angoisses.

3. — **Sociétés étrangères.** — La loi française, pourtant
si facile à tourner, paraît encore trop rigoureuse à beaucoup
d'émetteurs véreux, qui préfèrent constituer leurs sociétés à
l'étranger, surtout en Angleterre et en Belgique. La législation de nos voisins sur cette matière leur est, en effet, particulièrement favorable : elle offre plus de sécurité quant à
la responsabilité des fondateurs et administrateurs et ne s'oppose pas à l'aliénabilité immédiate des actions d'apport.
Nous avons vu combien cette dernière facilité est essentielle

Monsieur,

En réponse à la lettre que vous m'avez fait l'honneur de m'écrire, j'ai le regret d'avoir à vous annoncer que les actions de la SOCIÉTÉ EUROPÉENNE DU CIRAGE INCOMBUSTIBLE ont été intégralement souscrites. Toutefois j'ai enregistré votre demande et, dans le cas d'une nouvelle émission, j'aurais l'honneur de vous en donner immédiatement avis.

Je suis,... etc.

Le Directeur : R. MACAIRE.

— Fais imprimer, tirer à 300 000 et empoisonne-z-en la France...

— Comment! nous n'avons pas placé une seule action, nous n'avons pas une seule demande, nous n'avons pas le sou et tu...

— Bertrand! vous êtes bête comme une carpe... Faites ce que je vous dis et vous verrez...

à l'industrie du placement; à elle seule, elle suffirait à expliquer le nombre toujours croissant des sociétés constituées à l'étranger, alors que leur exploitation se fait en France et que leurs actions sont exclusivement offertes aux capitalistes français.

La législation française semble totalement désarmée pour s'opposer à cette fâcheuse invasion du papier exotique. Une loi récente a bien obligé les sociétés étrangères à faire insérer leurs statuts à l'annexe du *Journal officiel* avant toute négociation de leurs titres sur le marché français, mais cette mesure n'a pas arrêté le flot montant des mauvaises actions étrangères. Bien que le coût de l'insertion ait été fixé à deux francs la ligne, les émetteurs n'hésitent pas à s'imposer cette dépense. Aux yeux des naïfs souscripteurs, ils acquièrent ainsi le droit de se parer de cette publication comme d'une estampille officielle; ils en font mention, en caractères gras, sur leurs prospectus où elle prend presque la valeur d'une approbation de l'Etat.

Il existe à l'étranger, principalement à Londres, des agences d'affaires qui s'occupent de faciliter l'accomplissement des formalités légales pour la constitution de sociétés anglaises « limited ». Elles procurent même, au besoin, le siège social fictif londonien, tandis que le siège social réel à Paris prend le nom ambigu de « siège central ».

Ainsi, à peu de frais et à peu de risque, le papier « made in England » trouve en France un débouché fructueux.

De même qu'il existe heureusement en France un grand nombre de sociétés commerciales prospères et honnêtement administrées, il y a à l'étranger d'excellentes valeurs industrielles qui offrent au capitaliste français un placement souvent avantageux. Tout en nous gardant donc de généraliser nos critiques, nous pouvons néanmoins affirmer qu'il est toujours dangereux d'acquérir les actions de sociétés qui, manifestement, ne sont allées se constituer à l'étranger que pour échapper aux justes rigueurs de la loi française.

4. — Sociétés filiales. — « L'appétit vient en mangeant », énonce un dicton populaire. Tel financier qui comptait borner son activité à la fondation d'une seule société se trouve amené, soit par cupidité, parce qu'il manque de papier de placement, soit par nécessité, pour essayer de sauver sa situation compromise, à en créer sans cesse de nouvelles. Souvent, en effet, les gains réalisés sur la dernière société sont destinés à retarder l'effondrement de celles qui l'ont précédée.

D'une façon générale, la première société créée par les spécialistes du placement a pour objet principal la formation d'un syndicat susceptible de s'intéresser à des sociétés commerciales et industrielles ou d'en constituer de nouvelles. Si l'on consulte la liste des principales banques de placements connues de Paris, on verra qu'elles ont toutes constitué des sociétés filiales dont elles placent les actions dites « valeurs de la maison ».

Le capital que représente l'ensemble de ces sociétés plus ou moins sérieuses est énorme. On a vu dans un scandale récent qu'un financier, à lui seul, a pu émettre des valeurs pour un capital nominal de 8o millions ! Telle banque ou société de crédit inconnue du public emprunte à l'épargne, avec une facilité dérisoire, un nombre de millions peu en proportion avec le crédit qu'on est en droit de lui attribuer. Si nous voulions citer des exemples topiques, nous n'aurions, hélas ! que l'embarras du choix.

La plupart de ces filiales sont, on le devine, d'importation étrangère. Le bulletin annexe du *Journal officiel* s'est ainsi assuré une clientèle assidue et sérieuse ; mais les pauvres pigeons, qui ne le lisent d'ailleurs jamais, laissent dans ces entreprises une telle quantité de plumes qu'on s'étonne qu'il leur en reste encore pour de nouveaux « placements ».

5. — Opération des banques de placements. — Les banques de placements et d'émission ont, en général, une installation superbe, dans un quartier central et élégant de la ville. Ces frais de loyer et de confort sont indispensables à la bonne marche des affaires. Inspirer confiance, tout est là. C'est une excellente façon d'y parvenir que de faire pénétrer le client dans de superbes locaux, aménagés avec une somptuosité plus ou moins discrète et de bon goût.

Dans un récent procès de banqueroute, une victime d'une de ces banques déposait en ces termes à l'audience de la chambre correctionnelle :

« Avant de commencer à parler affaires, on m'invita à » faire le tour du propriétaire, et on me promena dans des » bureaux véritablement somptueux. Les colonnes étaient » en marbre, les boiseries en acajou. De-ci, de-là, des fresques » de nos premiers maîtres du pinceau. C'était plus beau » que chez Rothschild ! »

Les opérations des banques de placements sont multiples.

En outre des opérations fondamentales d'émissions et de placements, elles se chargent encore :

De l'exécution de tous ordres de bourse sur les places françaises et étrangères; (pour éviter tout reproche de spéculation, certaines maisons n'acceptent que les ordres au comptant);

De toutes opérations sur titres, savoir : *dépôts, avances, encaissements, libérations, etc.* ;

De la souscription sans frais à toutes les émissions; de l'ouverture de comptes-courants à vue et à échéances fixes à intérêts variant de 3 à 6 %, par an.

Quelques-unes de ces banques sollicitent aussi les capitaux pour cette pseudo-opération de bourse dite *titres en compte de report* ou *report de titres*, dont nous avons précédemment parlé.

Ce sont là les services accessoires de la banque, ceux auxquels elle n'attache qu'une importance relative, et qui servent surtout à dissimuler la véritable fonction de la maison.

Il est d'autres opérations essentielles et d'un rapport certain, bien que faites gratuitement, ce sont celles qui ont pour objet la *connaissance des portefeuilles* :

Connaître la composition du portefeuille de son client est chose indispensable pour la banque de placements. C'est grâce à cette connaissance qu'elle peut se rendre compte du chiffre approximatif de sa fortune, apprécier ses goûts et ses tendances en fait de placements, juger de sa mentalité financière. Il est bien évident, par exemple, qu'un rentier qui n'aura en portefeuille que des titres de toute sécurité et de faible rendement sera plus difficile à faire « marcher » que le capitaliste qui aura aventuré la majeure partie de sa fortune sur des valeurs de spéculation.

La grosse affaire — et aussi la bonne affaire — c'est de persuader au client qu'il aurait tout intérêt à échanger les valeurs qu'il détient contre des « valeurs de la maison ». Suivant la composition du portefeuille et les tendances de son propriétaire, les conseils varient; ils sont plus ou moins osés, plus ou moins pressants.

Quelques services auxiliaires des banques de placements aident à déterminer la composition du portefeuille des clients.

C'est d'abord le *payement gratuit de tous les coupons échus ou officiellement annoncés.* Quelques maisons les payent même quinze jours avant l'échéance, sans aucun escompte ni aucune commission.

On saisit sans peine de quelle ressource est ce service

pour atteindre le but qu'on se propose. Le nom et l'adresse du rentier sont soigneusement notés, ainsi que le nombre et la nature des valeurs dont il a encaissé les coupons. Généralement un employé bien stylé l'interroge d'une façon respectueuse, courtoise ou familière, suivant son rang social, essaye de lui « tirer les vers du nez ». Ce sont autant de précieux renseignements qu'on utilisera plus tard, car à partir du moment où ce rentier est couché sur les registres de la banque, il sera assailli de bulletins, avis, journaux financiers et en butte aux sollicitations de M.M. les démarcheurs !

Si le personnage s'y prête, on tente immédiatement de l'intéresser aux valeurs de la maison. S'il manque de disponibilités, on lui conseille l'arbitrage avantageux qui augmentera ses revenus et lui assurera d'énormes chances de plus-value sur son capital. Beaucoup s'y laissent prendre, surtout, hélas ! les petits, les ignorants, les simples. Combien de pauvres gens se voient ainsi enlever en un instant le maigre fruit de toute une existence de travail et de privations !

On assiste parfois à des scènes navrantes : suivons cette brave femme attirée dans ce repaire par les facilités et l'économie qu'elle y trouve pour l'encaissement de ses petites rentes. De mise modeste, c'est quelque vieille fille ou quelque veuve, domestique, concierge ou ménagère. Elle entre craintivement dans le vaste hall, intimidée par le décor luxueux qui l'entoure. Mais l'employé qui la reçoit à son guichet a bientôt fait de la rassurer par sa bonhomie et sa cordialité. Pendant qu'il prépare le bordereau de caisse, on cause gentiment, comme de bons amis. Il prend ses intérêts avec une chaleur qui la touche et la persuade : « — Pourquoi conserver des obligations de la Ville de Paris, du Crédit foncier ou des chemins de fer alors qu'il existe tant de bonnes valeurs grâce auxquelles elle pourrait doubler, quadrupler ses revenus ? » Un chef qui a flairé une proie facile arrive à la rescousse. On exhibe à la bonne femme des prospectus, des journaux, des cotes truquées, jusqu'à ce que, confuse et reconnaissante, elle accepte en remerciant l'offre du commis complaisant. Le lendemain elle vient faire l'échange de son petit avoir contre des titres dont elle ne pourra jamais se défaire, sinon en les négociant pour quelques sous à la « Bourse des Pieds humides » (1). Quant à l'employé qui,

_____

(1) Le marché des Pieds humides s'occupe de la négociation des valeurs tombées au rebut. Il se tient au bas des marches du Palais de la Bourse (côté S.-O.). Les individus qui le composent, bien que d'aspect minable, font

inconsciemment peut-être, a perpétré cet acte criminel, il
touche une prime proportionnelle au nombre des valeurs
placées et reçoit en outre les félicitations de ses patrons.

Un autre service, qui poursuit les mêmes fins que l'encaissement des coupons, fonctionne maintenant dans toutes
les banques de placements, c'est la *vérification gratuite de
titres sortis au tirage.*

Il est toujours pénible et fastidieux pour un rentier de se
procurer et de compulser les listes des tirages des valeurs
qu'il possède. Quoi de plus avantageux alors que de confier ce
soin à une banque qui vous avise, sans aucun frais, des titres
sortis au remboursement et offre même d'en faire gratuitement l'encaissement! Si vous êtes momentanément satisfait,
la banque l'est plus encore, car vous lui avez livré le secret
de votre coffre-fort; soyez assuré qu'elle s'en servira pour
essayer de le délester de tout ce qu'il contient de précieux.

Cette vérification permet encore à la banque, à chaque
avis de sortie, au pair ou à prime, de proposer un remploi
en « valeurs de la maison ». Nombre de rentiers, pour reconnaître les obligeants offices de la banque, suivent ce perni-
cieux conseil.

Enfin, toujours dans les mêmes intentions, les banques
de placements offrent de renseigner gratuitement sur toutes
les valeurs, cotées ou non cotées, ainsi que sur toutes opérations de placements et d'arbitrages. Il n'est pas difficile de
deviner quels peuvent être ces conseils et ces renseignements.

On voit de quelle importance est la surveillance des portefeuilles pour ces banques, à quels périls elle expose le
capitaliste ignorant ou naïf. Sans doute, il est nécessaire
de suivre les mouvements des valeurs que l'on possède,
mais il vaudrait mieux cent fois n'exercer aucun contrôle sur
sa fortune mobilière que de se reposer de ce soin sur les
écumeurs de la finance. S'ils surveillent votre portefeuille,
c'est à la façon dont le serpent surveille l'innocent lapin dont
il compte faire son déjeuner.

6. — La publicité financière. — Intelligemment faite

___

parfois d'excellentes affaires, tant la marchandise est abondante et à bas
prix. A quoi sert tout ce papier? Quelquefois à tapisser des cabinets de
travail; le plus souvent il est acheté et mis en portefeuille par des aigrefins
qui, pour éviter la banqueroute, cherchent à faire croire que leur déconfiture
a sa source dans des placements désastreux, alors qu'elle procède de tout
autre cause.

et savamment dosée, la publicité constitue un des rouages
principaux de l'industrie du placement. Il n'existe pas de
banque de quelque importance qui n'ait au moins un journal financier chargé de soutenir ses intérêts. C'est un instru-
ment de travail dispendieux, mais nécessaire.

Nous nous empressons tout d'abord de déclarer que nous
n'entendons pas confondre ces organes spéciaux des maisons
de placements avec les quelques journaux financiers sérieux
qui s'éditent en France. Ces derniers sont-ils toujours impar-
tiaux et absolument indépendants; n'accueillent-ils jamais
sans une enquête approfondie les réclames déguisées sous
forme d'articles qui sont payés fort cher; sont-ils toujours
insensibles aux avantages que leur offrent les grandes banques
et les grandes sociétés de crédit lorsqu'elles ont besoin de
leur patronage pour assurer le succès d'une émission ? Nous
n'oserions l'affirmer d'une façon absolue et positive; mais du
moins ils sont rédigés par des spécialistes compétents et fournissent à leurs lecteurs des renseignements utiles et contrô-
lés; ils tiennent les capitalistes au courant des questions
économiques et financières qui s'agitent dans le monde
entier; ils constituent enfin une source précieuse de statis-
tique financière.

Les organes des maisons de placements cherchent, il est
vrai, sous les rapports du format et du texte, à imiter les journaux d'informations financières. Il y arrivent rarement et
un observateur attentif a vite fait de démêler la supercherie.
Ils sont généralement hebdomadaires, quelquefois mensuels
ou bimensuels.

Le prix de leur abonnement annuel est à la portée de
toutes les bourses, il varie ordinairement de 1 à 5 fr. Pour
cette dépense insignifiante le journal prodigue, pendant 8 ou
16 pages, des « renseignements particuliers » obtenus à
coups de ciseaux, et des conseils plutôt intéressés.

Cependant certains économistes grincheux ont, depuis
quelque temps, jeté le discrédit sur le journal financier à
bas prix; ils ont trouvé étrange que l'on pût donner pour
un franc ce qui revient au bas mot dix fois davantage à l'édi-
teur; ils ont même insinué que celui-ci devait s'arranger
pour regagner largement sur le client ce qu'il perdait
avec l'abonné. Touchés par ces critiques, quelques publi-
cistes ont aussitôt relevé le prix de l'abonnement et n'ont
pas hésité à le porter jusqu'à 15 et 20 fr. Mais que les rentiers
économes se rassurent : ce n'est encore là qu'une apparence,
un trompe-l'œil destiné à faire croire que le journal vit de

sa vente, qu'il peut se permettre de rester indépendant. Pour faire apprécier l'excellence de la feuille on consent des « abonnements d'essai » qui vont de trois mois à un an et qui ne coûtent presque rien quand ils ne sont pas absolument gratuits, ce qui est assez fréquent. Inutile d'ajouter que l'abonnement d'essai dure en réalité autant qu'on le désire, et en tout cas jusqu'à ce que la banque ait perdu tout espoir de traiter affaire avec l'abonné au rabais. Le service du journal est naturellement fait à tous les clients de la banque.

Posséder dans la classe des rentiers et des capitalistes, petits et gros, des abonnés et des lecteurs attirés par la quasi-gratuité de l'organe financier est un premier et important résultat. Il s'agit, en outre, d'éveiller leur attention, de capter leur confiance, de les faire trébucher en douceur dans les traquenards prêts à les recevoir.

Les titres de certains de ces journaux valent déjà toute une profession de foi : ils impressionnent agréablement et chassent toute inquiétude de l'esprit du lecteur. Ce sont des guides, des conseillers, des défenseurs, des moniteurs de l'épargne, du portefeuille ou des capitalistes. On y ajoute quelquefois des sous-titres significatifs qui accentuent davantage les généreux sentiments des éditeurs : le journal a été fondé en vue de la défense du portefeuille, pour protéger l'épargne, pour prémunir contre les mauvais placements, etc.

Sous ces titres rassurants le journal commence par une chronique financière ou causerie.

La causerie est très goûtée en matière de placements, on y peut tout dire sur un mode familier et bon enfant. On y prodigue les conseils et les exhortations. Souvent la causerie débute par un appel à la prudence, à la réflexion et au bon sens ; elle morigène sans façon le lecteur, à qui elle reproche de se laisser entraîner dans la mauvaise voie, de ne pas veiller suffisamment sur ses intérêts. Ne sait-il pas qu'il est plus difficile de conserver son capital que de l'acquérir ? Agressive, la causerie dénonce sans aucun ménagement les périls que font courir à l'épargne les courtiers marrons. Elle engage les agioteurs malheureux à réparer leurs pertes en se mettant sans tarder sur les exellentes valeurs d'avenir qui leur sont signalées dans le journal [1].

_____

(1) Il est piquant de remarquer que, dans leurs brochures, beaucoup de banquiers et remisiers de Bourse invitent à leur tour les victimes des mauvais placements à reconstituer leur capital ébréché en spéculant sous leur direction ou au moyen de leur méthode. Ce sont deux « écoles » entre lesquelles il y a forcément antagonisme.

La causerie se borne à des allusions discrètes aux valeurs à placer ; elle n'est qu'un aimable prélude au morceau de résistance qui se présente sous la forme d'une « étude » sévère et documentée. Cette étude, bourrée de faits et de chiffres éloquents, a pour but de rechercher, pour le plus grand profit des lecteurs, les affaires présentant, avec le maximum de sécurité, les chances les plus sérieuses de plus-value comme capital et comme revenu.

Il n'est pas difficile de deviner sur quelles valeurs d'avenir se porte plus spécialement la bienveillante attention du chroniqueur. Quelquefois l'étude s'attaque à des valeurs importantes et connues qu'un événement fâcheux à mises à l'ordre du jour. Ce sont, par exemple, les fonds russes pendant et après la guerre russo-japonaise, la rente française sous la menace de l'impôt, la De Beers après le krach des diamants, etc. L'article conseille vivement la vente de ces titres dangereux et leur remplacement dans le portefeuille par quelques valeurs dont le journal vient précisément de faire le plus bel éloge. D'autres fois le remploi est préconisé en titres de premier ordre parmi lesquels on glisse traîtreusement, comme allant de pair, certaines « valeurs de la maison ».

L'étude documentaire est souvent destinée à assurer le succès d'une émission ou d'une introduction de valeur.

Dans ce cas, elle ne craint pas de se livrer aux affirmations les plus osées et les plus optimistes sur la vitalité de l'entreprise ; elle suppute par avance le chiffre d'affaires et les bénéfices, qui seront tous deux considérables et bien faits pour réjouir les actionnaires ; elle compare cette affaire aux affaires similaires les plus prospères, en faisant toutefois ressortir la supériorité incontestable de celle qui vient d'être lancée ; elle s'autorise enfin de ces données pour faire entrevoir un dividende tel qu'au taux de capitalisation de 5 à 6 % il donnera encore à l'action une marge énorme de plus-value. Que les souscripteurs se hâtent donc de profiter d'un placement inespéré, etc.

Lorsqu'il s'agit d'une exploitation minière l'étude est agrémentée d'un rapport d'ingénieur qui ne laisse aucun doute sur la richesse de la mine et la qualité du minerai. Les premières fouilles ont donné des résultats invraisemblables.

Il est de règle que l'émission, amorcée par l'étude documentaire, a toujours été brillamment couverte ; c'est du moins ce que prétend l'organe financier. En réalité les actions, libérées de la façon que nous avons vu, sont toutes dans les caisses de la banque d'émission, qui va chercher par tous les moyens à s'en débarrasser au meilleur prix.

La « valeur à suivre » est alors prônée avec une persistance inlassable dans les colonnes du journal. On la voit réapparaître sous toutes les rubriques, sous tous les prétextes, à tout propos et hors de propos. C'est une obsession qui finit par créer chez le lecteur un état de suggestion sur lequel on compte pour triompher de ses hésitations. A chaque numéro nouveau les informations satisfaisantes se font plus affirmatives, plus précises, plus triomphantes.

Les cours de la valeur montent d'ailleurs avec une régularité bien faite pour émouvoir tous ceux qui n'ont pas eu l'excellente idée de souscrire ou d'acheter dès le début. Nous savons ce qu'il faut penser de cette hausse factice, si facile à obtenir lorsqu'on a encore en mains la presque totalité des actions.

Lorsque les actions sont inscrites en banque, à terme ou au comptant, surtout au comptant, la hausse factice se fait souvent avec l'aide de certaines maisons de coulisse qui, à l'occasion, ne répugnent pas à faire aussi du placement, ou tout au moins à se faire, moyennant une commission énorme, les auxiliaires des maisons d'émission. Le concours du coulissier est précieux pour faire coter des cours savamment gradués sur des opérations absolument fictives. La hausse ininterrompue présente plusieurs avantages : tout d'abord elle justifie les prévisions des émetteurs, elle attire de nouveaux acheteurs et enfin elle empêche la vente du titre, car on sait déjà que le public achète en hausse et vend en baisse.

Beaucoup de ces actions ne sont pas cotées sur la place de Paris. Elles le sont — ou semblent l'être — à la Bourse de Bruxelles, où l'on « fait les cours » mieux encore qu'à Paris et à moins de frais. D'autres valeurs, qui n'ont positivement de marché sur aucune place, sont admises, moyennant payement, sur des cotes de fantaisie publiées par certaines banques ou intercalées dans des cotes truquées que l'on exhibe au client qui conserve encore quelque doute sur la réalité des cours.

Lorsque la vente languit malgré une publicité intensive, il reste encore la ressource de la « circulaire confidentielle » qui est adressée sous pli fermé. Il s'agit d'un renseignement particulier, gros de conséquences, destiné à révolutionner le marché et communiqué secrètement, à titre de primeur, aux fidèles clients de la maison. S'il est question de mines, par exemple, c'est la découverte d'un nouveau filon qui se

présente dans des conditions d'exploitation extrêmement
avantageuses ; les prévisions des ingénieurs relativement
au rendement de la mine vont être largement dépassées.
Aussi conseille-t-on l'achat immédiat, même par ordre télé-
graphique, avant que la nouvelle ne soit ébruitée et que les
cours ne « s'enlèvent ».

Les banques de placements ne travaillent pas seulement
sur leurs propres actions, elles agissent quelquefois pour
le compte de tiers qui leur abandonnent une commission
qui est en moyenne de 5o °/₀ du prix de vente. L'organe
financier de la banque reproduit alors, avec des commentaires
élogieux, les appréciations qu'avait émises sur l'affaire son
confrère le journal des émetteurs.

A l'instar des grands financiers, les maisons de placements
veulent parfois accaparer les actions d'une société normale,
ayant un fonds solide, honnêtement gérée. Au moyen de
nouvelles tendancieuses propagées avec la plus insigne
mauvaise foi par l'organe financier, de circulaires alar-
mantes envoyées à domicile aux actionnaires dont on s'est
procuré les noms et les adresses, elles essayent de jeter le
discrédit sur la société et d'avilir le cours des actions.
Réussissent-elles, elles achètent à bas prix les actions, s'em-
parent de l'administration, relèvent les cours et écoulent
les titres avec un boni très appréciable. C'est la manœuvre qui
a été tentée il n'y a pas longtemps contre la société exploi-
tant un journal très ancien et très répandu ; si elle n'a pas
réussi, c'est qu'à la tête de cette société il y avait un sénateur
influent qui s'est énergiquement défendu contre cette malhonnête entreprise.

Une réclame assez ingénieuse, bien qu'elle ne puisse
guère tromper que les lecteurs très naïfs, est faite maintenant dans la plupart des organes financiers sous la rubrique
« Correspondance ouverte ». Sous le prétexte de répondre
aux demandes de ses lecteurs, le journal prodigue des conseils intéressés, donne des indications sur les services de la
banque, sur la nécessité de lui confier la surveillance des
portefeuilles. Il félicite ceux qui se sont enrichis en suivant
ses conseils et admoneste ceux qui, au mépris de leurs intérêts, n'ont pas profité de son expérience. Et ici encore,
comme un refrain, réapparaît la valeur à placer.

La publicité en faveur des placements se fait encore dans
les grands journaux politiques et quotidiens de Paris et de
la province. Ce sont des avis et des annonces qui paraissent,
en général, en dernière page. Quelquefois aussi une réclame

adroite est insérée dans le compte rendu de la Bourse ou
bulletin financier. Cette dernière publicité se paye extrêmement cher dans les journaux à grand tirage, et il faut
croire qu'elle est d'un bon rapport puisque les émetteurs
n'hésitent pas à s'imposer cette lourde dépense. Avec un
peu d'attention le lecteur discernerait cependant la réclame
payée. Quoi de plus étrange que cet éloge outré d'une
valeur inconnue dans une chronique où l'on ne relate
ordinairement que les mouvements des principales valeurs [1] !

Un autre genre de publicité très en faveur consiste dans
le fermage de toute une page d'une revue littéraire, artis-
tique ou politique. Il n'est guère de revue répandue qui
n'ait une Causerie ou Revue financière dans laquelle sont
exposés des aperçus très originaux, et sont donnés des conseils très dangereux.

Cette publicité est d'autant plus regrettable qu'elle semble
être faite sous les auspices et l'inspiration d'un périodique
qui jouit souvent, et à juste titre, de l'estime et de la confiance de son lecteur. De plus, la revue, la revue familiale
surtout, s'adresse précisément à ceux qui constituent naturellement les principaux clients — lisez : les plus communes
victimes — des officines de placements : les fonctionnaires
en retraite, les ecclésiastiques, les veuves, les vieilles filles
et les petits rentiers.

7. Les Démarcheurs. — Au cours d'une interpellation,
un des membres du Parlement qui ont le plus courageusement lutté contre les escroqueries financières de tous genres
prétendait plaisamment que les démarcheurs étaient ainsi
nommés parce qu'ils étaient chargés de faire « marcher » les
gogos hésitants. Cette définition, pour fantaisiste qu'elle soit,
donne une idée assez exacte du rôle de ces commis voyageurs en valeurs douteuses.

Avant de poursuivre, et pour éviter toute confusion

---

(1) Voici ce que disait, dans ses « Documents littéraires », du rôle financier
d'une certaine presse le vigoureux polémiste que fut Emile Zola :

« Personne n'ignore que les journaux qui se posent en défenseurs sévères
de la morale sont pour la plupart vendus à des compagnies financières,
embusquées à la troisième ou à la quatrième page, détroussant les lecteurs
naïfs qui se hasardent. Ce sont des coupe-gorge plus ou moins discrets, le vol
organisé, des tripotages sans nom, des mensonges imprimés en grosses
lettres et en gros numéros, raccrochant publiquement le monde. Que d'affaires
véreuses lancées, que de familles ruinées, pour avoir cru au bulletin financier d'un journal dont la première page défend la propriété et les bons principes en belles phrases ! »

pénible, il importe de déclarer que le mot « démarcheur »
désigne également les agents accrédités des grandes banques
et sociétés de crédit qui vont à domicile visiter la clientèle,
solliciter des ordres de bourse, proposer des opérations de
banque et même essayer, eux aussi, de faire du placement,
du placement qui ne consiste pas toujours en valeurs de tout
repos, mais qui est tout au moins avouable. Nous y revien-
drons dans un prochain chapitre. Pour l'instant il nous
suffit de déclarer que la profession le démarcheur, lorsqu'elle est honnêtement exercée, est parfaitement licite et
honorable.

Pour les maisons de placements le démarcheur est le
complément indispensable d'une bonne publicité. Si le coffre-
fort parisien n'est pas à l'abri des tentatives d'effraction
de ces maisons, c'est la province qui conserve toutefois leurs
préférences. Voici de quelle façon elles opèrent : Généralement elles font choix d'une région où, par expérience,
elles pensent rencontrer un accueil favorable — car chaque
région a ses habitudes et ses préférences en matière de
valeurs mobilières — et l'inondent de brochures, journaux,
circulaires, avis, etc. Quand le terrain est convenablement
préparé, qu'elles commencent à recevoir de timides
demandes de renseignements, elles lancent sur la malheu-
reuse région l'escouade volante de leurs démarcheurs.
Mieux vaudrait pour le pays une invasion de sauterelles !

Nombre de rentiers intrigués par cette publicité à jet
continu, dont la curiosité, et aussi la cupidité, s'éveillent,
répugnent encore à se rendre au siège de la société ou à
l'une de ses succursales pour y prendre des informations
complémentaires ; ils hésitent même à entamer une correspondance sur ce sujet. Le démarcheur survient alors, et voilà
nos bonnes gens séduits et conquis par son amabilité, son
bagout et ses explications lumineuses. Il enlève l'affaire de
haute lutte, en un moment, alors que sans son secours elle
eût traîné des mois ou n'eût pas abouti.

C'est que le démarcheur professionnel est un homme
habile et un profond psychologue. Il doit en outre, avant
de se mettre en route, laisser à la consigne certains scrupules qui pourraient entraver fâcheusement la réussite de
sa tournée.

Les qualités physiques qu'on réclame d'un bon démarcheur sont une physionomie avenante, une apparence
honnête, une mise soignée. Une certaine facilité d'élocution
lui est en outre nécessaire pour vanter sa marchandise et

accommoder son discours au goût de la personne à laquelle il l'adresse. Suivant les circonstances et les milieux, on le voit respectueux ou familier, croyant ou libre penseur, d'opinions politiques avancées ou conservatrices.

L'habileté professionnelle de certains démarcheurs est légendaire. Toutes les ruses leur sont bonnes pour arriver à leurs fins. N'en a-t-on pas vu qui, mettant à profit une éloquence naturelle ou acquise, ne commencent leur tournée en ville qu'après l'avoir amorcée par une conférence publique donnée, avec l'autorisation de M. le maire, dans une salle de la mairie ou des écoles ! Cette conférence traite naturellement des bienfaits du travail, de l'épargne.... et des bons placements. Les banques savent utiliser les dons naturels, les titres, et jusqu'aux distinctions honorifiques de leurs placeurs. A chacun, selon ses aptitudes, est dévolue la catégorie des citoyens qu'il a le plus de chance d'influencer.

La connaissance du portefeuille joue, ici encore, un rôle considérable. Lorsque le démarcheur possède cet utile renseignement il peut engager des pourparlers avec beaucoup plus de chances de succès.

Les démarcheurs sont généralement recrutés parmi les employés de banque, connaissant bien la partie et jugés assez débrouillards pour tenir l'emploi. Quelques-uns sont des transfuges de grandes sociétés de crédit et ont troqué leurs maigres émoluments contre des remises plus rénumératrices. Il est bien rare qu'ils n'aient emporté comme viatique quelques listes d'adresses des clients de leur ancienne maison.

En outre des démarcheurs professionnels, il existe des démarcheurs amateurs, souvent plus dangereux pour l'épargne que les premiers. Ce sont surtout des gens du monde, parfois des commerçants, ayant des besoins secrets d'argent, qui ne se rendent pas toujours compte de la besogne qu'on exige d'eux. Avec un zèle qu'aiguillonne l'appât de la prime à toucher, ils font du placement dans leur entourage, parmi leurs amis et leurs connaissances. Malheur à qui rentre dans le cercle de leurs relations ! Pour dissimuler une situation embarrassée, ou par passion du lucre, ils sèment autour d'eux la ruine et la désolation. On les voit, victimes de leur aveuglement, dissiper par avance leur patrimoine en plaçant de détestables valeurs à leurs parents et beaux-parents.

Les résultats que donnent ces amateurs sont quelquefois stupéfiants. Comment se méfierait-on ? Beaucoup ont une situation honorable, jouissent d'une considération légitime.

Bien stylés, abusés eux-mêmes sur la valeur intrinsèque du
titre, ils ont un accent de sincérité auquel il est difficile de
résister.

Les placeurs amateurs sont recherchés par les professionnels, qui leur abandonnent une partie de leur commission.
La banque en recrute aussi au moyen d'avis et d'annonces
insérés dans les principaux journaux de Paris et des départements. Voici quelques échantillons de cette publicité
spéciale :

Situation lucrative et d'avenir offerte par Banque d'affaires à personnes ayant relations. Fixe après essai.

Banquier demande dans toutes localités per. sér. dés.
augmenter revenus en plaçant titres 1er ordre.

Bonnes valeurs à placer. Travail rémunérateur.

La commission allouée aux démarcheurs varie en raison
inverse de la qualité du papier à placer. Ils reçoivent relativement peu, 5 à 10 %, sur les titres émis par une société
à peu près sérieuse et inscrits à la cote officielle ; ils touchent
davantage sur les valeurs qui n'offrent pas la même surface ;
enfin ils encaissent d'énormes profits, qui vont jusqu'à
50 % du prix de vente, sur les valeurs de pure fantaisie.

Ainsi, brave homme qui vous êtes laissé entortiller par
cet adroit placeur, vous auriez été moins surpris de l'insistance, de la chaleur qu'il a mise à écouler son méchant
papier, si vous aviez su que pour chacun des billets de cent
francs qu'il vous soutirait, il mettait en poche une somme
de 50 francs ! A ce tarif encore, la maison qui l'emploie a-t-
elle réalisé une excellente affaire !

En plus de leur commission, les placeurs qui ont déjà
fait leurs preuves reçoivent un traitement fixe, ou sont
défrayés de leurs frais de voyage et de séjour.

Il arrive fréquemment que ceux qui ont mis tout ou partie de leur avoir dans ces valeurs douteuses s'en font les
ardents propagandistes. Ce sont des démarcheurs gratuits et
officieux qui croient qu'en contribuant à la prospérité de l'affaire ils travaillent pour leurs propres intérêts. La fable du
Renard ayant la queue coupée est toujours d'actualité : le
cœur humain est ainsi fait qu'on trouve un réconfort, une
consolation à penser qu'on n'est pas seul à commettre une

audace, une imprudence. Il faut fuir ces mauvais conseillers
et ne pas les suivre dans la voie funeste où ils sont engagés.

Une préoccupation dominante des spécialistes du placement est de trouver des représentants en province pour
leur confier la vente de leur papier. Ce sont généralement
les directeurs ou administrateurs de la société qui engagent
par correspondance des pourparlers, ou font des tournées,
pour recruter ces utiles auxiliaires. Ceux-ci sont le plus souvent choisis parmi les petits banquiers et changeurs de province. Les conditions qui leur sont faites sont très avantageuses ; seulement, à ce métier ils perdent au bout de peu
de temps leur clientèle, dépouillée et désabusée.

A Paris, un certain nombre de changeurs s'occupent également de placement de valeurs pour le compte des spécialistes.

8. — Indisponibilité des titres.

— Empêcher par tous
les moyens la vente du titre placé est d'une nécessité absolue pour les placeurs. Si les premiers acheteurs semblent
disposés à se débarrasser de leurs actions, soit pour prendre
un bénéfice, soit en raison de l'incertitude des cours, soit
qu'ils se laissent impressionner par les attaques d'une maison concurrente, le succès de l'émission court les plus
grands dangers. Il faut, ou que l'émetteur laisse tomber les
cours, ce qui peut aisément amener leur effondrement avant
que la majeure partie des valeurs soit placée, ou qu'il rachète
— en argot professionnel, qu'il « ravale » — les titres déjà
écoulés. C'est là un remède héroïque fort peu goûté du banquier qui consentirait à la rigueur à « ravaler » quelques titres
épars, mais ne se sent pas l'estomac assez solide pour digérer
le fort paquet. Il faut donc empêcher les ventes par tous les
moyens, et nous savons combien est fertile l'imagination
de ces messieurs.

Par la voie du journal d'abord, au moindre fléchissement
des cours, on adjure les actionnaires de ne pas se laisser
influencer par une baisse momentanée qui provient de l'état
du marché ou d'une campagne inqualifiable de rivaux aux
abois. On les engage même à profiter de la circonstance
pour « ramasser » à bon compte des valeurs qui ne tarderont
pas à regagner les plus hauts cours.

Dans les bureaux de la banque, on dissuade également
le client qui se présente avec l'intention de vendre. S'il per-
siste, on lui fait signer un ordre à cours fixé qu'on se
gardera bien de faire coter. S'il semble résolu à vendre au

mieux ou à bas cours, il y a lieu de distinguer : s'il n'a que quelques titres, on les reprend au premier cours de la prochaine bourse, cours fort bas, après lequel il y a un relèvement de la cote aussi considérable que factice ; s'il possède beaucoup d'actions, on ne cote plus de cours jusqu'à ce qu'on lui ait fait changer d'avis.

Mais ce sont là des manœuvres qui ne réussissent pas toujours, surtout si le client commence à soupçonner qu'il a été refait.

Il n'y a qu'une façon absolument efficace d'empêcher la vente du titre, c'est de le rendre indisponible et non négociable pendant un laps de temps plus ou moins considérable.

On y parvient de deux manières :

1°. En constituant, ou en feignant de constituer, dans un but facile à imaginer, un syndicat des porteurs de titres. Le souscripteur qui accepte de faire partie du syndicat, outre les avantages sociaux qu'il doit en retirer, obtient encore un rabais considérable sur le prix de l'action. Dans ces conditions il se croirait bien sot de ne pas profiter de tels avantages. Au lieu de titres, l'émetteur lui remet un récépissé qui mentionne l'indisponibilité des valeurs pendant la durée du syndicat.

2°. Une autre combinaison consiste à détacher et à escompter un ou plusieurs coupons de dividendes. C'est une offre gracieuse que l'on fait à l'acheteur candide, offre qui, loin de le mettre en méfiance, le confirme dans la bonne opinion qu'il a de l'affaire. Il faut en effet que les agents de la société soient bien certains de sa vitalité et de son avenir pour payer à l'avance, à leurs risques et périls, un dividende qui capitalise le titre très au-dessus de son cours actuel, alors qu'aucune assemblée générale n'a fixé la répartition des bénéfices, avant même qu'il y ait des bénéfices acquis !

Dans les deux cas l'émetteur est arrivé à empêcher la vente des titres en les rendant inaliénables pendant un temps qu'il juge suffisant pour écouler le reliquat.

9. — La défense de l'épargne. — Il est difficile de clôturer pareil chapitre sans être logiquement amené à formuler un souhait : c'est que les pouvoirs publics, sortant enfin de leur léthargie, prennent les mesures qui s'imposent pour protéger efficacement l'épargne contre les manœuvres dolosives des dillettanti du placement véreux. Les méfaits de ces messieurs dépassent toute mesure ; ils sont si nombreux que c'est à peine si l'on prend garde aux menus scandales qui encombrent les colonnes des journaux. Pour que l'opinion publique s'émeuve il faut qu'un krach de plusieurs millions, quelquefois de plusieurs centaines de millions, vienne engloutir les économies d'innombrables dupes. Alors les milieux parlementaires s'agitent, le ministre en cause, interpellé, donne quelque vague assurance pour l'avenir ; puis tout retombe dans le silence et l'oubli jusqu'à ce que les placeurs se rappellent de nouveau, de façon bien désagréable, à l'attention publique.

Cependant, dans les cartons parlementaires des projets dorment qui mériteraient d'être discutés et votés au plus tôt. Nous rappellerons, entre autres, celui dont M. Chastenet, député de la Gironde, a été l'initiateur et demeure le rapporteur. Voici ce qu'il en disait, à la tribune de la Chambre, à l'occasion d'une interpellation sur un récent scandale financier :

> Un projet de loi est à l'ordre du jour de la Chambre, depuis, je crois, plus de deux ans. Ce projet est le long aboutissement de travaux considérables, de projets nombreux qui ont été déposés par M. Dufaure, par M. Waldeck-Rousseau, par notre honorable président M. Brisson, alors garde des sceaux, et dont le dernier en date l'a été par l'honorable M. Vallé, après avoir été élaboré par une commission extraparlementaire composée des hommes les plus éminents et les plus autorisés.
>
> Nous ne prétendons pas que ce projet soit le dernier mot d'une perfection d'ailleurs impossible à atteindre.
>
> Il n'en est pas moins vrai qu'en l'état actuel il constitue un progrès considérable sur la législation existante ; personne ne pourrait soutenir le contraire.
>
> Messieurs, ce projet est à l'ordre du jour depuis bientôt deux ans sans que nous ayons encore pu le faire venir en discussion utile.
>
> Ce projet contient des dispositions efficaces pour sauvegarder l'épargne publique, pour rendre plus difficile la fictivité des souscriptions, l'exagération des apports, pour organiser le contrôle des actionnaires pendant la vie sociale, pour assurer, par des sanctions sérieuses, de rigoureuses sanctions pénales, la responsabilité effective des administrateurs.
>
> Je crois que si la Chambre voulait bien consacrer une séance ou deux à la discussion du projet qui, jusqu'ici, n'a fait l'objet que d'un très petit nombre d'amendements, elle rendrait un grand service à la défense de l'épargne, de la petite épargne, doublement respectable quand elle ne représente pas seulement du travail accumulé, mais encore la force motrice d'une production nouvelle, pour le plus grand bien, le plus grand profit et le plus grand honneur de notre pays. (*Applaudissements.*)

A son tour, le Garde des sceaux venait, au nom du Gouvernement, prendre des engagements qu'il nous plaît d'enregistrer ici ; il disait :

> Il est certain que la législation actuelle ne donne pas toutes les garanties désirables, qu'elle ne permet pas une surveillance assez étroite de toutes ces opérations d'émission ; il est certain que l'épargne a besoin

d'être protégée contre les entreprises audacieuses de certains financiers. Toutes les mesures qui ont été ou pourront être proposées dans ce sens, le Gouvernement est disposé à les appuyer, et nous ferons toute diligence pour qu'elles viennent en discussion dans le plus bref délai.

J'ai été d'accord, dès le premier jour, avec l'honorable M. Chastenet, pour qu'on hâte la discussion d'une proposition de loi qui serait déjà de nature à améliorer beaucoup les conditions actuelles des émissions financières. Mais d'autres garanties pourraient être proposées encore, et je m'associerai à ces propositions.

Nous n'avons pas la prétention de discuter ici, point par point, les projets de loi élaborés par des hommes de bonne volonté, appartenant ou non au monde parlementaire. Les mesures qui semblent nécessaires à la protection de l'épargne ressortent, croyons-nous, assez clairement du simple exposé que nous venons de faire des manœuvres des placeurs. Seulement, qu'on se hâte d'aboutir, car tout retard est préjudiciable, non seulement à l'épargne publique, mais encore à l'activité commerciale du pays.

C'est, en effet, un côté de la question qu'il importe de mettre en lumière si l'on veut saisir toute la gravité de la situation : le Français, de par son tempérament même, est le plus économe, mais aussi le moins audacieux, le moins entreprenant des capitalistes. Toutes les statistiques en font foi. Alors que les capitaux étrangers recherchent les affaires, les placements industriels, le capital français s'en détourne pour s'employer en rentes sur les Etats, en obligations garanties, en valeurs de tout repos à petit rendement, mais sans gros risque. Peut-on blâmer cet état d'esprit, si funeste pourtant à la prospérité nationale, quand on songe avec quelle impunité le rentier français se voit dépouiller par les écumeurs de la finance ? Comment distinguerait-il entre les bons et les mauvais placements ?

En France, dans l'état actuel de la législation, seuls les spécialistes compétents, les gros capitalistes, peuvent se permettre de commanditer le commerce et l'industrie ; les petits possédants sont bien obligés de s'abstenir tant qu'on ne saura pas les protéger contre la fraude et le vol.

V. — LES GRANDES SOCIÉTÉS DE CRÉDIT

1. — Fonction des banques de dépôt. — Depuis quelques années les grandes sociétés de crédit occupent beaucoup l'attention publique ; des polémiques ardentes se sont élevées à leur sujet. Elles ont rencontré des détracteurs passionnés et ont trouvé d'habiles défenseurs. Nous ne nous rangerons de parti pris ni parmi les uns, ni parmi les autres. Il nous suffira d'envisager la question au seul point de vue qui nous occupe ici, c'est-à-dire au point de vue des intérêts et de la sauvegarde de l'épargne.

Les établissements de crédit tels que le Crédit Lyonnais, la Société Générale, le Comptoir National d'Escompte, le Crédit Industriel et Commercial, la Société Marseillaise, etc., ont été plaisamment dénommés de grands bazars financiers. L'appellation est assez juste : ils présentent, en effet, dans l'ordre financier, des similitudes frappantes avec nos grands magasins parisiens. Comme eux, ils offrent au public des facilités et des avantages qu'on pourrait difficilement trouver dans les banques particulières ou régionales ; comme eux, ils usent de moyens appropriés et ingénieux pour faire valoir et placer leur marchandise, en l'espèce le crédit et les valeurs mobilières ; comme eux enfin, ils attirent la clientèle et l'engagent dans les opérations profitables au moyen d'articles-réclames sacrifiés, nous voulons parler de certains services gratuits ou faits à perte, tels que l'encaissement des coupons, la surveillance du portefeuille, les conseils financiers, la garde des titres, etc.

De par leur constitution les grands établissements de crédit rentrent dans la catégorie des banques de dépôt, c'est-à-dire qu'ils opèrent, non pas seulement avec leur capital social, souvent très considérable, mais encore, mais surtout avec les dépôts de fonds qu'ils attirent dans leurs caisses en leur offrant certains avantages. Ces dépôts qui, pour la plupart, sont remboursables à vue, constituent une variété du capital circulant connu sous le nom de « capital flottant »

parce qu'il attend le moment propice pour s'employer fructueusement. Ce capital flottant, s'il se contente d'un intérêt minime — 1/2 % en général — recherche, par contre,
la sécurité et la disponibilité. Les banques qui acceptent ces
dépôts sont donc moralement tenues de ne les faire valoir
qu'en placements sûrs et temporaires, tels que l'escompte
du papier commercial, des warrants ou des bons du Trésor,
les avances sur valeurs mobilières de premier ordre et remboursables à brève échéance. Et encore cette dernière opération n'est-elle pas exempte de critiques lorsqu'elle s'exerce
dans une trop forte proportion.

La principale accusation qui a été dressée contre les grands
établissements de crédit, c'est de ne pas se confiner dans ces
opérations fondamentales de crédit, mais, entraînés par l'appât des gains considérables et faciles, de se livrer à des spéculations susceptibles de compromettre les dépôts qui leur
sont confiés. Or, si l'on songe que le chiffre des dépôts à vue
dans les cinq principales sociétés de crédit atteint le total formidable de trois milliards, on se fera une idée du danger que
pourrait courir la fortune publique si ces reproches étaient
fondés.

Le rôle des grandes banques de dépôt est cependant assez
vaste pour qu'elles s'en contentent. Leur mission est d'assurer le crédit commercial au meilleur compte possible, de le
démocratiser, ainsi qu'il a été justement dit ; de rassembler
de tous les points du territoire les capitaux épars et momentanément oisifs pour les utiliser au profit de la production et
des affaires, pour le plus grand bien du commerce et de l'industrie ; de vulgariser l'usage du chèque ; d'enregistrer les
conditions du change ; etc. Ces opérations, bienfaisantes pour
la prospérité commerciale du pays, sont encore suffisamment rémunératrices pour les actionnaires.

**2. — Emissions. Souscriptions publiques. Intro-
duction.** — On fait quelquefois grief aux grands établissements de crédit de ne pas s'intéresser directement
aux entreprises commerciales françaises, de ne pas les étudier, les commanditer même sous forme de participation.
On se plaint qu'ils laissent à des banques de second ordre,
voire à des banques véreuses, ainsi que nous l'avons démon-
tré, le soin de constituer les sociétés commerciales et industrielles et de placer leurs actions. Tel qu'il est formulé ce
reproche porte à faux : ce n'est point aux banques de dépôt
à prendre une initiative et une responsabilité que peuvent

seules assumer les grandes banques d'affaires qui opèrent à l'aide de leurs propres capitaux. Que celles-ci négligent trop souvent ce devoir pour s'employer à des besognes plus lucratives, c'est ce qu'il convient de déplorer. Mais en aucun cas la banque de dépôt ne saurait participer directement aux entreprises commerciales sans s'exposer aux pires catastrophes (1). Les exemples ne manquent pas à l'appui de cette assertion ; on se rappelle encore l'effondrement de grandes banques de dépôt telles que la Banque d'Escompte de Paris, la Société de Dépôts et de Comptes courants, l'ancien Comptoir d'Escompte, etc.

Il est un autre reproche qui semble plus justifié : c'est celui qu'on fait aux établissements de crédit de se spécialiser depuis quelques années dans des opérations d'émission, plus particulièrement d'émission de valeurs étrangères ou de fonds d'Etats étrangers, de se livrer, à l'occasion de ces émissions, à des spéculations hasardeuses.

Il n'y a pas très longtemps, c'étaient la haute banque et quelques grandes banques d'affaires qui avaient, pour ainsi dire, le monopole de ces lancements. Les sociétés de crédit n'intervenaient que comme auxiliaires, en seconde main, mettant leur influence, leur publicité, au service de l'émission. Une honnête commission, proportionnée au nombre des titres souscrits à leurs guichets, les rémunérait de leurs peines. C'était simple et sans danger.

Il n'en est plus ainsi. Admirablement outillées pour ce genre d'affaires avec leurs nombreuses agences rayonnant dans toute la France, leurs démarcheurs, leur notoriété, les grandes sociétés de crédit ont eu l'ambition de jouer le premier rôle dans cette pièce à grand spectacle et à décors truqués qu'est toujours une grande souscription publique. Elles le peuvent d'autant mieux que, loin de se concurrencer, elles se soutiennent mutuellement, unies dans une communauté d'intérêts, formant une sorte de consortium permanent pour le succès des grands emprunts lancés par l'une d'elles. Seulement, si l'opération laisse le plus souvent d'énormes bénéfices, elle ne va pas toujours sans risques.

_____

(1) Le président de Conseil d'administration du Crédit Lyonnais faisait, à l'assemblée générale de 1901, la déclaration suivante, très justifiée, selon nous :

« On aurait voulu quelquefois nous voir rechercher les affaires industrielles. Il en est assurément d'excellentes ; mais les entreprises industrielles, même les mieux conçues, même les plus sagement administrées, comportent des risques que nous considérons comme incompatibles avec la sécurité indispensable dans les emplois de fonds d'une banque de dépôt.

La plupart des émissions sont maintenant prises « ferme »
par l'établissement émetteur. C'est pour celui-ci une opération d'achat-vente. Il souscrit à forfait, ou, pour mieux dire,
il achète la totalité des titres et les revend de son mieux, soit
par souscription publique, soit par introduction en Bourse,
soit plus simplement à ses guichets et avec l'aide de ses
démarcheurs.

On voit le danger : si l'opération, contre toute attente, ne
réussit pas, si quelque événement soudain vient contrarier
les prévisions des émetteurs, ceux-ci sont menacés de garder le « paquet »; la garantie des dépôts se transforme *ipso
facto* en valeurs dépréciées. Pour prendre un exemple sensible, quelle serait la situation des établissements de crédit
ayant souscrit ferme à un emprunt russe si, entre le moment
de l'accord intervenu avec Saint-Pétersbourg et celui de
l'émission publique, quelque événement tragique tel que
l'assassinat du tsar ou une révolte armée venait à se produire ? Nous n'ignorons pas que les banques prétendent
qu'elles n'engagent dans ces opérations que leur capital
social et leurs réserves. Si considérables que soient ces ressources, il est difficile d'être sans appréhension quand on
songe à l'énormité de certains emprunts étrangers. Et d'ailleurs le capital social n'est-il pas la garantie complémen-
taire et obligée des déposants si l'actif disponible venait à
faire défaut, et a-t-on le droit de l'engager dans ces opérations aléatoires ?

Diverses manœuvres précèdent, accompagnent ou suivent
nécessairement toute émission importante.

C'est d'abord une campagne de presse qui coûte toujours
cher et par laquelle on tend à démontrer au public, quelquefois au moyen de nouvelles tendancieuses ou de documents apocryphes, l'excellence des valeurs qui lui sont
offertes.

Un écrivain de talent qui signe *Lysis* et dont les articles
contre ce qu'il nomme « l'oligarchie financière en France »
ont fait grand bruit, donne la curieuse physionomie d'une
de ces campagnes :

« Quand les établissements de crédit font une émission, ils dressent « un
budget de publicité ». Entendez par cet euphémisme qu'ils arrêtent une
liste de journaux et de personnes auxquelles il sera distribué de l'argent.
Il s'agit, bien entendu, de désarmer toutes les oppositions et de s'assurer,
autant qu'on le peut, tous les concours. Cependant les banques ne répar-
tissent pas elles-mêmes leurs fonds secrets. La corruption de la presse est
une industrie organisée et même centralisée. Au point de vue financier,
deux ou trois personnes la monopolisent. On les appelle techniquement

des distributeurs de publicité; en langue vulgaire, ce sont des corrupteurs de la presse. Les banques traitent avec eux à forfait, elles leur payent en bloc une certaine somme ; en échange, elles obtiennent le concours ou la neutralité de la plupart des journaux de France et de Navarre. Une critique se produit-elle dans un organe de quelque importance, aussitôt messieurs les distributeurs de publicité s'occupent d'arranger l'affaire, ce sont des acheteurs de silence. Qu'un tel métier puisse s'exercer à l'abri des lois, qu'il soit permis d'acheter les consciences directrices d'un pays, ouvertement, publiquement, qu'un gouvernement étranger soit laissé libre de subventionner notre presse à nous, de la diriger, de l'inspirer, c'est une situation si extraordinaire, à première vue, qu'on se refuse à y croire, mais l'état de choses qui règne en France est plus réaliste encore. Pour le décrire il faudrait la plume de Balzac. Les corrupteurs de la presse ne sont pas des pauvres honteux qui travaillent dans l'ombre, ce sont des personnages officiels; on les traite avec égards, on les comble d'honneurs, ils sont les représentants d'une fonction sociale. Les corrupteurs de la presse ont des relations intimes avec les ministres, ils sont reçus par eux à toute heure. Le gouvernement les décore. Au mois de Février dernier, le distributeur des fonds russes a été nommé officier de la Légion d'honneur. Il y a quelque temps un corrupteur de la presse offrait un déjeuner de chasse à ses amis dans un château. Ses hôtes étaient des plus illustres. Il y avait à sa table M. le Ministre des Finances, M. le Gouverneur de la Banque de France, M. le Gouverneur du Crédit foncier, des administrateurs de nos établissements de crédit, etc. » (1)

Au moins l'opération de la souscription publique est-elle toujours correcte et régulière, ne s'accompagne-t-elle pas de manœuvres destinées à aider à son succès ou à y faire croire ? Ici encore, nous ne saurions mieux faire que de laisser la parole à Lysis :

« Constatons d'abord ce fait connu : le monopole des grandes banques de dépôt a pour effet la falsification des émissions. On annonce souvent que les émissions sont couvertes dix fois, vingt fois, trente fois, cinquante fois même. Eh bien, tous les gens réfléchis le comprendront, ces succès écrasants sont du battage. En fait, il se produit ceci : les grands établissements de crédit souscrivent pour leur compte aux émissions....

« Comment les établissements de crédit sont-ils amenés à souscrire eux-mêmes aux émissions? On va le saisir de suite : ou l'émission ne réussit pas, ou elle a un succès. Si l'émission ne réussit pas, il y a un intérêt véritable à dissimuler l'échec, à tromper l'opinion. En grossissant fictivement les souscriptions, on jette de la poudre aux yeux du public, on fait croire au gogo qu'on demande plus de titres qu'on n'en offre. on s'efforce, grâce à cette comédie, de provoquer de nouveaux achats et d'écouler les jours suivants les titres non placés.

« D'autre part, si l'émission est un succès, les établissements de crédit ont la tentation de jouer sur le dos du public. Ils servent alors le moins possible à l'émission, souscrivent eux-mêmes (avec l'argent du public), puis ils s'efforcent de revendre les titres en Bourse, à des cours plus élevés.

« Le fait considérable à retenir est le suivant : avec l'argent des dépôts, avec l'argent du public, en un mot, les établissements de crédit évincent

(1) *Contre l'oligarchie financière en France.* (*La Revue,* n° du 15 novembre 1907.)

le public des émissions avantageuses ; ils lui repassent ensuite, les jours suivants, avec 4 ou 5 °/₀ de majoration, les titres dont ils l'ont privé arbitrairement. Les dépôts servent à dépouiller les déposants. » (1)

La souscription publique est à peu près obligatoire pour les grandes émissions de fonds d'États étrangers ; l'autorisation nécessaire du ministre des Finances ne pourrait guère être accordée sans que les intérêts du public soient, dans une certaine mesure, sauvegardés. Il n'en est pas toujours de même pour certaines émissions de valeurs industrielles et financières, françaises ou étrangères, pour lesquelles on a recours à la pratique dite de l'« introduction » en Bourse.

Ce qu'est cette pratique, nous l'avons déjà dit. Ce qu'il convient de remarquer, c'est que les grands établissements de crédit, par leurs immenses ressources, par l'autorité dont ils jouissent sur leur nombreuse clientèle, sont plus à même que n'importe quels banquiers ou financiers de mener à bien cette opération profitable entre toutes.

L'introduction s'accompagne nécessairement des manœuvres que nous avons décrites dans un chapitre précédent. Loin de nous l'intention de dénoncer systématiquement les grandes banques de dépôts, si utiles à l'essor commercial du pays, ni d'incriminer leurs conseils d'administration ; mais pour tous ceux qui connaissent les dessous de la Bourse il reste avéré que l'opération de l'introduction sur le marché ne peut réussir sans une intelligente campagne de presse, non plus que sans la cotation de cours purement fictifs. La direction des grands établissements de crédit est trop avisée, trop soucieuse des intérêts des actionnaires et des siens propres, pour compromettre par de vains scrupules le succès d'une opération de cette importance ; et d'autre part la tentation de prélever une fois de plus la forte somme sur le large dos du public est trop forte pour qu'elle n'y succombe pas. Un bon administrateur ne se double pas toujours d'un moraliste et l'on peut être grand financier sans postuler pour un prix Montyon.

Dans l'opération de la souscription publique, comme dans celle de l'introduction en Bourse, un certain nombre de banques qui se sont engagées à soutenir et à prôner auprès de leur clientèle la nouvelle valeur sont rémunérées au moyen d'« options » qui leur sont cédées par l'établissement émetteur.

---

(1) *Contre l'oligarchie financière* (*Op. cit.*, p. 66).

Dessin de DAUMIER.

LAISSEZ VENIR A MOI LES PETITS ENFANTS!...

— Comprends-tu la parabole, Bertrand?
— Comprends pas!
— Béta! nous formons une association paternelle et philan-thropique, nous recevons 5 pour 100 dans le présent, pour donner 500 pour 100 dans l'avenir...
— Et que ficherons-nous dans l'avenir?
— Nous ficherons le camp, béta! et nous planterons là la tontine,

Tonton, ton-ton, tontine, ton-ton!

L'option consiste à mettre à la disposition de la banque un nombre de titres proportionné à son importance ; elle est faite pour une durée variable, un à trois mois, et à un prix donné, le plus souvent très voisin du prix d'émission ou d'introduction. La banque a la faculté de ne prendre livraison des titres qui lui sont offerts que dans le seul cas où elle y trouverait avantage. La valeur vient-elle à baisser, la banque renonce à son option, sans aucun dédit ; au contraire, les cours sont-ils en hausse, elle choisit le moment propice pour vendre en Bourse et son bénéfice ressort de la différence entre le prix de vente et le prix de cession.

La publicité faite dans nombre de journaux financiers ou politiques se paye de la même façon.

On saisit l'ingéniosité du système : banques et journaux sont également intéressés au succès de l'émission et ne négligent rien pour l'assurer. Le zèle et la sincérité de leur concours peuvent d'autant moins être mis en doute que les profits qu'ils retirent de l'affaire sont en raison directe de la hausse des cours. D'autre part, l'établissement émetteur ne risque pas grand'chose, puisque le taux d'option correspond à peu près au prix d'émission. Ici encore il n'y a que le public de refait. L'option liquidée, la publicité cesse, l'indifférence succède à l'enthousiasme, et les cours, qui ne sont plus soumis au régime interventionniste, reprennent tout doucement leur niveau normal... en baisse, naturellement.

Il existe une troisième manière de faire une émission : c'est la vente directe des titres aux guichets ou par les soins des démarcheurs. Mais nous abordons ici une véritable opération de placements.

3. Placements par les sociétés de crédit. — Les sociétés de crédit font aussi le placement des valeurs ; c'est même une branche très rémunératrice de leur activité, bien qu'elle ne figure pas officiellement parmi leurs opérations. Leur prospectus fait bien mention de valeurs de placement telles que les obligations de la Ville de Paris, du Crédit foncier, des chemins de fer délivrées directement « titres contre argent », mais il reste muet sur la vente de valeurs moins connues et aussi de moindre repos. Cette lacune tient à ce que le placement de valeurs, tel qu'il est compris par les grands établissements financiers, n'a pas besoin d'être annoncé pour réussir. C'est une opération dont on ne se vante généralement pas.

Nous ne ferons pas aux sociétés de crédit l'injure de comparer les titres qu'elles placent avec ceux que fabriquent les financiers véreux, dont nous nous sommes longuement occupé au chapitre précédent. Les valeurs que proposent les sociétés, si elles ne sont pas toutes également recommandables, reposent du moins sur un fonds solide ; leur acquisition constitue rarement « la bonne affaire » pour l'acquéreur, mais il peut se consoler en pensant qu'il aurait pu rencontrer pire s'il était tombé entre les mains de certains placeurs professionnels.

Comment les sociétés de crédit sont amenées à faire le placement, nous venons de le voir : c'est surtout pour écouler en douceur une émission à laquelle elles n'ont pas cru devoir faire les honneurs de la souscription publique.

Alors que les banques de second ordre font grand tapage autour des émissions qu'elles se proposent de lancer, qu'elles pratiquent le bluff pour attirer l'attention du public, qu'elles se livrent à une orgie de réclames mensongères, les grands établissements de crédit, sans publicité, sans bruit, écoulent, infiltrent dans leur clientèle des titres pour des centaines de millions, pour des milliards. Ici encore, force nous est d'admirer la puissante organisation de ces banques, capables de réussir de telles opérations dans de telles conditions.

Le placement est encore nécessaire lorsque, après une souscription publique qui n'a pas réussi, — cela arrive quelquefois — la banque désire se débarrasser des titres qui lui sont restés pour compte. D'autres fois il s'agit de repasser au public les titres achetés pour soutenir telle ou telle valeur dont il importait de ne pas laisser faiblir les cours.

Quelle que soit la provenance des titres à écouler, les procédés sont toujours les mêmes : la direction donne à ses agents de Paris, des départements et même de l'étranger des instructions pour en activer la vente. Aussitôt l'infiltration commence, irrésistible. La valeur est proposée à tout client qui se présente pour effectuer n'importe quelle opération ; elle est indiquée à tout capitaliste en mal de placement ; elle est la « valeur de portefeuille » à gros revenu et de grand avenir qui s'impose en remploi de valeurs à faible rendement. Chaque employé est intéressé au placement au moyen d'une légère prime par titre placé. Tout chef de service ou directeur d'agence n'ignore pas que ses notes de fin d'année se ressentiront du zèle et de l'intelligence qu'il aura mis à comprendre et à exécuter les ordres de la Direction.

Et d'autre part on fait donner les démarcheurs. Il fut un temps où ces agents étaient uniquement chargés de recruter la clientèle commerciale, de dépister les commerçants ayant du papier à remettre à l'escompte ou à l'encaissement. Maintenant cette préoccupation devient secondaire, le placement, plus rénumérateur, tendant de plus en plus à absorber leur activité.

Nous n'hésitons pas à déclarer qu'à tous les points de vue les placements opérés par les sociétés de crédit constituent une pratique fâcheuse qui n'aurait pas dû trouver place parmi les opérations d'une banque de dépôt.

Pour ce qui concerne le client, il doit se garder de suivre les conseils intéressés qui lui sont donnés par les employés et démarcheurs des sociétés de crédit. Il ne doit pas perdre de vue que la valeur qu'on lui indique est le plus souvent un « laissé pour compte » dont il serait bien sot de se charger ; qu'en tout cas elle est offerte à un prix toujours supérieur à sa valeur intrinsèque.

4. — Opérations de Bourse. — L'influence prépondérante que les sociétés de crédit exercent sur le marché de la Bourse tient à deux causes principales :

En premier lieu, à l'importance de la clientèle financière dont elles reçoivent les ordres ;

En second lieu, aux immenses disponibilités qu'elles trouvent dans les dépôts de fonds qui leur sont faits.

Beaucoup de critiques se sont élevées contre l'extension que les grands établissements de crédit ont donnée à leurs services financiers, peut-être au détriment des services purement commerciaux pour lesquels ils avaient été créés, et qui se trouvent de la sorte relégués au second plan.

Cette évolution des grandes banques de dépôt s'explique aisément. Elle est la conséquence de cet état d'esprit qui les a incitées à préférer les opérations d'émissions et de placements aux opérations de crédit. Nous avons vu que la connaissance des portefeuilles était nécessaire à tous ceux qui voulaient engager de telles opérations ; or le moyen le plus simple pour arriver à cette connaissance n'est-il pas d'attirer les dépôts de titres dans les caisses de la banque ? La modicité des droits de garde, les facilités accordées aux déposants ont naturellement fait affluer les dépôts. Les avances sur titres ont encore provoqué de nombreux dépôts en nantissement. Ces dépôts ont constitué pour les banques une excellente affaire, non seulement en matière de placements, mais encore en matière d'ordres de bourse.

La commission que ces établissements prélèvent sur les

ordres en sus du courtage de l'agent est, en effet, très minime
et n'aggrave pas sensiblement les frais de négociation ; il
arrive même fréquemment que l'ordre est exécuté *franco*,
s'il est donné par un client de quelque importance et que
l'on tient à ménager. Dans ces conditions on conçoit que les
déposants n'hésitent pas, pour toutes opérations de bourse,
à s'adresser à l'établissement dépositaire, dont ils sont connus, plutôt que d'avoir recours directement à l'agent de
change, qui exige au préalable certaines formalités
ennuyeuses, telles que la certification de l'identité, de la
capacité, etc.

Les sociétés de crédit pratiquent-elles l'application et la
contre-partie ?

En ce qui concerne l'application, il est aisé de se rendre
compte des avantages qu'elles peuvent trouver par ce procédé. Grâce à leurs nombreuses succursales, elles reçoivent
et centralisent les ordres en tous sens et de toute nature qui
leur parviennent de tous les points de France ; il leur suffirait alors de faire application des ordres qui se compensent
et de ne passer que le reliquat non applicable aux courtiers
dûment qualifiés. Elles ont d'ailleurs fait les applications
assez ouvertement jusqu'au vote de la loi de 1898, qui
exige l'intervention obligatoire de l'agent de change pour
toutes négociations sur valeurs cotées au Parquet. Depuis
cette époque elles ne peuvent plus légalement opérer d'applications que sur les valeurs cotées en banque, ce qui ne
veut peut-être pas dire qu'elles ne cèdent parfois à la tentation de contrevenir à une disposition aussi gênante pour
leurs intérêts.

L'application peut se faire également sur les ordres au
comptant et sur les ordres à terme. La contre-partie se fait à
peu près exclusivement sur les négociations à terme. On a
parfois accusé les sociétés de crédit de faire la contre-partie
du reliquat d'ordres dont elles ne peuvent faire application.
Nous aimons à croire que ce reproche n'est pas mérité.

Il y aurait, du reste, un moyen très simple d'échapper à
toute suspicion : ce serait la remise au client, à l'appui de
la loyale exécution de son ordre, du bordereau de l'agent
de change ou du coulissier. La Banque de France, dont la
correction en matière financière est toujours à citer, n'opère
pas différemment. Pourquoi les sociétés de crédit ne sui-
vraient-elles pas cet exemple ? Le décompte qu'elles éta-
blissent sur leurs propres bordereaux ne saurait avoir
qu'une valeur relative et ne présente aucune garantie

absolue. Il y a certainement là une lacune à combler. La réforme qui obligerait tous ceux qui font profession de recevoir des ordres de bourse, au comptant et à terme, à fournir à leurs clients, en même temps que l'avis d'exécution, le bordereau de l'intermédiaire officiel ou qualifié ferait cesser bien des abus et entraverait bien des entreprises malhonnêtes. Cette obligation se substituerait naturellement à celle imposée par l'art. 14 de la loi du 13 avril 1898, qui ne prévoit la production du bordereau que sur la réquisition des agents du fisc, et serait beaucoup plus efficace pour la protection de l'intérêt public. Elle présente tant d'avantages pour la sécurité des transactions que nous voulons espérer qu'il se trouvera quelque jour un membre du Parlement assez audacieux pour la proposer. La faire voter contre tant d'intérêts coalisés sera plus difficile.

Les objections qu'il est possible de soulever contre cette réforme ne sont pas péremptoires. On se plaindra que l'application de cette mesure aurait pour effet de faire connaître au client le nom de l'intermédiaire en Bourse chez lequel il pourrait par la suite opérer directement. Cette crainte est sans fondement. Les clients resteront d'autant plus attachés à la banque qu'ils seront certains de n'y être pas « carottés ». On dira encore que la banque transmettant en bloc les divers ordres qui lui ont été donnés ne reçoit qu'un bordereau global des opérations de même nature. A cela nous répondrons qu'aucun intermédiaire ne se refusera à fractionner ses bordereaux au gré du donneur d'ordres. D'ailleurs l'exemple de la Banque de France qui n'est pas, elle non plus, ennemie de ses intérêts, nous dispense d'insister sur ce point.

En opérant régulièrement, il ne faudrait pas croire que les banques opéreraient gratuitement.

En outre de la commission supplémentaire dont nous avons parlé, elles pourraient encore bénéficier de la remise consentie pas les agents de change et les coulissiers à tous ceux qui leur apportent les ordres de tiers.

Une autre combinaison est aussi possible pour les négociations au comptant : en bloquant les ordres de vente et d'achat qui leur sont donnés pour une même bourse, elles pourraient les faire considérer par l'intermédiaire comme une seule opération d'arbitrage. Dans ce cas, le courtage n'étant prélevé que sur l'opération la plus importante — achat ou vente —, elles bénéficieraient nécessairement des courtages sur l'opération la plus faible.

Quoi qu'il en soit, il reste ce fait regrettable que les sociétés de crédit, en s'éloignant des principes qui ont présidé à leur constitution, ont eu, du même coup, une influence néfaste sur la moralité publique. Si elles acceptent et sollicitent les ordres au comptant, elles encouragent en même temps, plus ardemment encore, la spéculation à terme, c'est-à-dire le jeu. Certaines agences de quartier, qui rivalisent à cet égard avec les banquiers de bourse les plus audacieux, ont pu, non sans apparence de raison, être qualifiées de tripots.

L'influence des grands établissements de crédit sur la spéculation s'exerce encore au moyen des reports.

On sait que cette opération consiste en un prêt d'argent que fait le capitaliste à l'acheteur à terme qui désire conserver sa position au delà de la liquidation courante. Le capitaliste achète les titres au comptant — c'est-à-dire les lève au cours de liquidation — et les revend pour la liquidation suivante au spéculateur. La différence entre le cours du terme et celui du comptant constitue l'intérêt que le reporté paye au reporteur. Cet intérêt varie nécessairement suivant la loi de l'offre et de la demande. Le vendeur à terme qui garde sa position au delà de la liquidation courante encaisse également le report, puisque, de même que le capitaliste prêteur, il reporte la position de son acheteur.

Lorsque le titre est rare, c'est-à-dire lorsqu'il y a plus d'acheteurs à terme qui veulent lever leurs titres que de vendeurs à terme qui peuvent les leur livrer, on dit qu'il y a « déport ». C'est alors le vendeur à découvert qui paye à l'acheteur ou au prêteur de titres une certaine indemnité. Le déport se rencontre rarement. Il est indiqué sur la cote par un B (bénéfice).

Les prêts qui, chaque mois, sont consentis sous forme de reports sont très considérables.

On distingue le report officiel ou « en Bourse » du report en banque ou « hors Bourse ».

Le report officiel est fait, moyennant commission, par les agents de change et les coulissiers à la feuille, qui en fixent le taux. Ils sont intermédiaires entre les capitalistes prêteurs et les spéculateurs emprunteurs.

Le report hors Bourse est fait par certaines grandes banques d'affaires, et surtout par les grands établissements de crédit qui avancent aux spéculateurs, à un taux généralement inférieur à celui pratiqué sur le marché de la Bourse, tout ou partie des fonds nécessaires pour lever leurs titres

en liquidation. Ces titres restent naturellement en gage —
on dit « en pension » — chez le prêteur jusqu'au règlement
de l'opération.

On estime à plus de trois cent millions les sommes que
les grands établissements de crédit font valoir chaque mois
en report.

On comprend dès lors la puissance que les sociétés de crédit exercent sur le marché. Selon qu'elles mettent ou non à
sa disposition ces énormes ressources, le taux des reports
s'abaissera ou s'élèvera dans une proportion très sensible.
Or, le taux des reports a une répercussion certaine sur la spéculation. Sa modicité la facilite et l'encourage ; son élévation
l'effraye et la restreint. C'est donc, en définitive, la hausse ou
la baisse qu'elles peuvent à leur gré déchaîner. On leur a
fréquemment reproché d'abuser parfois de ce pouvoir exor-
bitant pour opérer à coup sûr sur un marché qu'elles orientent
d'abord à la hausse par les facilités exceptionnelles qu'elles
lui donnent, puis qu'elles désemparent tout à coup par l'aggra-
vation du taux des reports.

Il nous serait facile de citer maints exemples à l'appui de
cette assertion ; il nous suffira de reproduire les paroles
qu'à la tribune de la Chambre M. Viviani, intervenant élo-
quemment dans la discussion relative à la réorganisation du
marché financier, prononçait le 8 mars 1898 à l'adresse des
sociétés de crédit :

« Il ne suffit pas de parler du marché libre, il faut voir qu'actuellement le marché est esclave, qu'il est en servage. Pourquoi ? C'est que
depuis quelques années une puissance souveraine s'est avancée sur le
marché, puissance tellement redoutable que, même coalisés, les agents
de change et les coulissiers seront un jour obligés de courber le front.
Je dénonce ainsi la puissance des établissements de crédit qui font appel
dans tout le pays à des disponibilités colossales.

« Il y a quelques années, les établissements de crédit, fidèles à leur
méthode, créaient des affaires ; malheureusement, nous vivons à une
époque où la rapidité et l'âpreté avec laquelle on veut conquérir la fortune ont fait que les établissements de crédit, à côté d'affaires honorables,
ont créé des affaires véreuses ; le public a été dupé et ruiné, il s'est enfui.
Pour retenir cette clientèle, ils ont changé de rôle, et de créateurs d'affaires qu'ils étaient ils sont devenus des banques de dépôt. Rivalisant avec
les caisses d'épargne, ils ont fait appel aux disponibilités dans tout le
pays. Et que font-ils de ces épargnes accumulées ? Ils les jettent sur le
marché, ils interviennent dans le jeu si périlleux et si ingénieux du report, ayant à leur solde des spéculateurs reporteurs, et à chaque échéance
ils viennent, jetant les millions d'un côté ou de l'autre, produisant ainsi
des liquidations et des crises.

« Et ce ne sera pas la moins lamentable des contradictions offertes par la
société capitaliste que celle à travers laquelle nous voyons la foule anonyme et inconsciente qui entoure les établissements de crédit, le paysan

courbé sur le lointain sillon, le commerçant des petites et des grandes cités, tous ensemble, spéculateurs naïfs, travaillant par l'accumulation honnête de leur épargne, à consolider ou à ruiner sur le marché de colossales fortunes ».

Peut-être convient-il de faire la part d'une certaine exagération dans cet éloquent et saisissant tableau des manœuvres financières des sociétés de crédit. Pour notre part, nous croyons que, si elles usent largement de la puissance redoutable que leur confèrent leurs immenses disponibilités, elles ne sauraient en abuser sans danger pour elles-mêmes. Il n'en ressort pas moins clairement qu'il serait désirable à tous les points de vue que, abandonnant toute ingérence financière, elles revinssent enfin à leur rôle véritable et utile, celui de donner le crédit au meilleur compte.

5. — Conversions. — Une des opérations qui rentrent légitimement dans le domaine des grands établissements de crédit lorsque, en y participant, ils ne prennent aucun engagement ferme, aucune responsabilité dangereuse, c'est celle qui consiste à prêter leur concours à la conversion de rentes d'Etats ou d'obligations. Le moment nous semble propice pour traiter ici de ces opérations toujours désirables pour ceux qui peuvent les effectuer, toujours profitables aux intermédiaires, mais en même temps bien désagréables et bien onéreuses pour les rentiers.

Lorsqu'un Etat entend réduire l'intérêt qu'il sert à ses créanciers, lorsqu'une société veut abaisser le taux de ses obligations, plusieurs conditions sont indispensables à la réussite de cette opération. Il est d'abord nécessaire que la situation du marché soit favorable, qu'aucun événement fâcheux n'en vienne troubler la sérénité ; il faut encore que le type de rente ou l'obligation à convertir approche ou dépasse le pair (1) ; il s'agit enfin d'obtenir l'appui, très rémunéré d'ailleurs, de la grande et petite presse et de s'assurer le concours, non moins dispendieux, des banques et sociétés de crédit chez lesquelles sont déposées, pour une grande partie, les valeurs à convertir. Lorsque tous ces éléments sont réunis, l'Etat ou l'établissement débiteur soutient et

---

(1) On entend par « pair » le prix nominal d'une valeur type servant de base à l'évaluation du taux d'intérêt à lui servir. Ainsi le pair de la rente française est 100 fr., le pair d'une obligation foncière 1879 3 °/₀ est de 500 fr., prix fixé pour le remboursement et pour l'évaluation des arrérages.

fait soutenir les cours, non seulement de la valeur convertissable, mais encore, pour éviter les arbitrages, des valeurs du même type qu'il a émises ; entendez par là qu'il fait coter des cours en hausse au moyen d'achats continus. La situation est alors favorable pour faire la conversion, qui réussit généralement.

Pour singuliers qu'ils puissent paraître à ceux de nos lecteurs qui ne sont pas familiarisés avec les trucs usités en Bourse, ces procédés sont couramment employés en matière de conversion. L'État français lui-même ne saurait agir autrement et les conversions successives du 5 % en 4 1/2, 3 1/2 et 3 % ont été obtenus de cette façon.

Le rentier a évidemment toujours le droit de demander le remboursement au pair de ses titres ; il le fait très rarement, pour plusieurs raisons :

1° — Parce qu'aux cours que l'on fait coter il n'a pas intérêt à le demander ;

2° — Parce qu'il est abusé par l'unanimité de la presse, par les prospectus qui lui persuadent que rien n'est plus avantageux pour lui que d'accepter la conversion ;

3° — Parce qu'il est circonvenu par les banques et établissements de crédit qui, recevant une prime proportionnelle à la quantité de titres qu'ils présentent à la conversion, ont tout intérêt à la demander en son nom ;

4° — Parce qu'il y a chez presque tout rentier — chez les petits surtout — une incompréhension singulière de ses intérêts, une incompétence financière sur laquelle on fait fonds pour lui faire avaler les plus grosses couleuvres.

Lorsqu'il s'agit de conversion de rente française, il peut exister au cœur des citoyens, même porteurs de rente, un sentiment fort louable qui leur rend désirable le succès de cette grande opération nationale ; il ne saurait en être ainsi pour les conversions opérées par des États étrangers ou par des sociétés foncières, financières ou commerciales. Il est bon alors d'y voir clair et de savoir défendre ses intérêts.

Le meilleur moyen, le seul peut-être pour échapper aux mailles du filet qui enserre le malheureux rentier, c'est de profiter de la hausse factice qui se produit toujours quelque temps avant la conversion et qui fait monter les cours au dessus du pair, pour vendre sa rente et ses obligations. Il reste, il est vrai à en trouver le remploi, et c'est cette difficulté qui fait hésiter et pousse à l'inaction. En cherchant bien, cependant, il n'est pas impossible de trouver une autre valeur présentant les mêmes garanties et le même rendement. Ne la trouverait-on pas, qu'il suffirait d'attendre quelque temps pour se racheter avec bénéfice, puisque tous les titres « ravalés » par les intéressés pour soutenir les cours viendront incessamment s'offrir sur le marché. Enfin, dût l'opération être onéreuse, elle serait encore d'un bon exemple, et l'insuccès d'une conversion en empêcherait beaucoup d'autres.

En ce qui concerne les sociétés de crédit, nous avons dit qu'elles restaient dans leur rôle en participant à ces opérations sans engager leur responsabilité. Il n'en est pas de même lorsque, entraînées par l'appât d'un gain plus considérable, elles garantissent la conversion, c'est-à-dire qu'elles souscrivent ferme le nouvel emprunt et se chargent de la liquidation de l'ancien à leurs risques et périls. C'est ce qui a été fait notamment par la conversion de 500 millions de rente russe 4 1/2 en 3 1/2. Dans ce cas, elles se servent une fois de plus des dépôts au détriment des intérêts des déposants.

6. — Pour assurer la sécurité des dépôts. — De divers côtés, de nombreuses réformes ont été préconisées pour assurer la sécurité des dépôts et sauvegarder les intérêts du commerce. Nous n'avons pas l'intention de les énumérer, encore moins de les discuter ici. Il nous suffira de répéter, une fois de plus, qu'il serait désirable que les banques de dépôts ne sortissent pas du rôle que leur assigne la provenance des capitaux avec lesquels elles opèrent. Elles doivent s'en tenir strictement aux opérations de crédit commercial, c'est-à-dire à l'escompte du papier commercial, aux avances sur titres et à certaines opérations accessoires qui ne peuvent en aucun cas mettre en péril ou aliéner pour une longue durée les capitaux qu'elles y engagent.

Encore est-il nécessaire que l'escompte s'applique plus spécialement à favoriser le commerce français et n'aille pas prodiguer ses bienfaits au papier exotique. C'est un reproche qu'on trouve déjà formulé dans le journal « le Temps » du 25 septembre 1897 :

« Il est fâcheux que l'abondance des disponibilités accumulées dans les caisses des établissements de crédit français oblige certains d'entre eux à commanditer, pour ainsi dire, sous la forme de l'escompte du papier de commerce, l'industrie allemande concurrente, souvent victorieuse de la nôtre. Sans doute, au point de vue théorique, l'argent ne connaît pas de frontières. En réalité, il serait préférable que notre épargne fût employée en France ; c'est aux détenteurs de cette épargne de prendre les mesures pour qu'elle y reste. »

En résumé, interdiction aux banques de dépôt de se prêter, dans des conditions qui engagent leur responsabilité, aux opérations d'émission, de placements et de spéculation de bourse pour lesquelles sont seules qualifiées les banques d'affaires agissant avec leurs propres capitaux ; contrôle de l'Etat sur l'emploi des dépôts, à exercer dans des conditions qu'il sera facile de déterminer sans qu'il en résulte aucune mesure inquisitoriale. Telles sont les principales réformes réclamées par la plupart de ceux qui se sont occupés de cette question brûlante.

Il est, enfin, un dernier point sur lequel, à défaut des actionnaires, les déposants seraient en droit d'appeler l'attention des sociétés de crédit, c'est l'insuffisante clarté de leurs bilans. Lorsque tant d'intérêts sont en jeu, pourquoi ne pas fournir tous les détails, toutes les explications nécessaires ? Même pour un professionnel, ces documents restent obscurs et d'une imprécision regrettable.

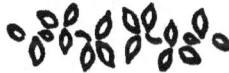

VI

L'EXPLOITATION DE LA PETITE ÉPARGNE

1. — Ventes à tempérament de valeurs à lots. —
Ainsi que nous avons essayé de l'établir au cours des chapitres précédents, si le gros et le moyen capitaliste sont visés par la banque véreuse, c'est surtout vers la petite épargne que convergent les convoitises et les efforts des écumeurs financiers. Ceux-ci n'ignorent pas, en effet, que leurs manœuvres ont toutes chances de succès dans un milieu où, en matière financière, l'ignorance et la crédulité sont à l'état endémique, où elles s'unissent au désir — trop légitime, hélas ! — d'améliorer par les voies les plus rapides une situation souvent précaire.

La démonstration de cette vérité ressort clairement de l'extension et de la prospérité croissantes de l'industrie de la vente à tempérament des valeurs à lots.

Ici, la séduction bien connue que les loteries et les jeux de hasard ont de tout temps exercée sur les classes pauvres a été habilement exploitée, et la vente à crédit déguise mal une opération scandaleusement usuraire. Cette opération consiste à vendre « à tempérament », à un prix très supérieur à leur valeur réelle, des obligations à lots de la Ville de Paris, du Crédit foncier, des bons à lots de Panama, du Congo, etc. Ces titres sont payables en plusieurs années, par versements mensuels.

Les stipulations du contrat qui intervient entre le banquier et son client sont si désastreuses pour celui-ci qu'il faut toute sa candide ignorance, toute sa foi naïve en la chance problématique du « gros lot », pour qu'il y souscrive.

La majoration des cours est au moins d'un tiers de la valeur réelle du titre ; elle atteint parfois 50 et jusqu'à 100 % de cette valeur.

Ainsi, pour avoir droit aux chances des tirages d'une obli-

gation foncière du type 1879, qui cote 500 francs en Bourse,
l'acheteur devra payer une indemnité de 166 francs. Or, si
l'on établit la valeur exacte de cette « espérance mathématique » que constituent les chances de lots, on s'aperçoit
qu'elle ressort à peine à quelques francs. Il est aisé d'en
déduire les profits exorbitants du vendeur.

Ce n'est pas tout : l'acheteur jouit naturellement des intérêts attachés au titre qu'il acquiert, mais il doit payer au
vendeur un intérêt de 5 % sur le montant de sa dette, alors
que l'obligation à lots ne lui rapporte que 2 à 2 1/2 net.

En ce qui concerne les bons à lots, qui ne payent aucun
coupon, le vendeur ne prélève ordinairement aucun intérêt
sur la somme restant à devoir, mais il augmente encore le
chiffre de l'indemnité : un bon de Panama, dont la valeur
réelle est d'environ 100 francs, se vend à crédit moyennant
un premier versement de 5 francs, le reste payable 7 francs
par mois pendant 23 mois, soit au total pour 166 francs. La
majoration est ici de 66 %.

En outre, il faut remarquer que le vendeur ne court aucun
risque puisqu'il conserve en mains le titre dont il a cédé la
propriété. Il n'en est pas de même de l'acheteur, qui parfois,
arrivé au terme de ses versements, et au moment de prendre
livraison d'une valeur si chèrement acquise, a la doulou-
reuse surprise d'apprendre que vendeur et titre viennent de
partir pour une destination inconnue.

Avant la loi du 12 mars 1900, la plupart des industriels en
valeurs à lots s'arrogeaient le droit de déposer en nantissement d'avances dans les grandes banques les titres dont ils
avaient déjà transféré la propriété. Cette ingénieuse combinaison leur permettait, avec une mise de fonds modeste, de
multiplier leurs fructueuses opérations. Souvent encore ils
se réservaient la faculté de ne faire connaître le numéro du
titre qu'après le second versement ; c'était là un moyen

commode de vendre une chose qu'ils ne possédaient pas
encore. Enfin, lorsque l'acheteur cessait ses payements, son
compte, au mépris des prescriptions formelles de l'article 2078
du Code civil, était liquidé sans intervention de la justice et
dans des conditions absolument défavorables à ses intérêts.

Les abus des vendeurs à tempérament étaient devenus si
intolérables, les plaintes du public si nombreuses, que quelques membres du Parlement s'en émurent et résolurent de
remédier à cet état des choses par voie législative.

Déjà, en octobre 1890, M. Royer, député de l'Aube, et
quelques-uns de ses collègues, déposaient sur le bureau de
la Chambre une proposition tendant à réprimer les abus
commis en matière de vente de valeurs de Bourse. Les Considérants du projet étaient très durs pour les trafiquants en
valeurs à lots ; on y lisait (1) :

« Des maisons de banque interlopes envoient principalement dans les
campagnes, où elles savent qu'elles trouveront une clientèle facile à
exploiter, des agents sans scrupule qui offrent spécialement aux personnes
peu aisées de leur vendre des titres ou des fractions de titres à lots ou
autres, à des conditions et à des prix absolument onéreux pour l'acheteur.
.... Ces sortes de vente reçoivent le plus souvent l'une ou l'autre des
solutions suivantes :
Ou l'acheteur, renonçant au contrat, est exécuté, et par suite obligé de
payer la différence entre le prix de revente, et son prix exagéré d'acquisition ;
Ou il acquitte toutes les fractions de ce prix, et lorsqu'il réclame la
livraison du titre la maison qui le lui a vendu n'existe plus.
Ainsi la presque certitude que l'acheteur a de ne pas être livré du
titre trop chèrement acheté lui fait en général préférer la première solu-
tion à la seconde.
De sorte que dans l'un et l'autre cas l'acheteur est victime. Il en est
d'ailleurs de même dans les cas exceptionnels où le titre est livré, puisqu'il a été vendu à un prix beaucoup supérieur à sa valeur réelle. »

Ce n'est cependant que dix ans après, à la suite de nombreux rapports, après avoir fait maintes fois la navette entre
le Palais-Bourbon et le Luxembourg, que le projet aboutit
enfin et devint la loi du 12 mars 1900, dont voici le texte :

Art. Ier. — Sera déclarée nulle, sur la demande de l'acheteur, sans
préjudice de tous dommages-intérêts, même s'il y a eu commencement
d'exécution, toute cession, quelque forme qu'elle emprunte, consentie
par acte sous signatures privées, de valeurs ou parts de valeurs cotées à
la Bourse moyennant un prix payable à terme en totalité ou en partie,
si elle contrevient à l'une des prescriptions des articles 2 et 3 ci-après.

---

(1) Documents parlem. 1890 (sess. extraord.), p. 336.

Art. II. — L'acte doit être fait en double original et chacun des originaux en contenir mention.

Chaque original doit indiquer clairement, en toutes lettres et d'une façon apparente : 1° l'un des cours cotés à la Bourse de Paris dans les quatre jours précédant la cession, et, à défaut, le dernier cours coté; 2° le numéro de chacune des valeurs vendues; 3° le prix total de vente de chacune des valeurs, y compris tous frais de timbre et de recouvrement par la poste ou autrement; 4° le taux d'intérêt, les délais et conditions de remboursement.

Art. III. — Les paiements fractionnés ne peuvent être échelonnés sur une durée de plus de deux ans.

Art. IV. — Le vendeur est tenu de conserver le titre vendu. Il ne peut ni s'en dessaisir ni le mettre en gage. Il doit le représenter à toute réquisition de l'acheteur.

Toute stipulation contraire est nulle.

Il en est de même de toute clause ou de toute mention dérogeant directement ou indirectement aux règles générales de la compétence.

Art. V. — Le vendeur qui aura détourné, dissipé ou mis en gage, au préjudice de l'acheteur, le titre qu'il avait vendu sera puni de peines portées en l'article 406 du code pénal. L'article 463 pourra être appliqué.

Art. VI. — Il est interdit aux établissements qui se livrent à la vente à crédit des valeurs de Bourse de faire entrer dans leur dénomination les mots « caisse d'épargne ». Leurs directeurs sont, en cas de contravention à cette défense, passibles d'une amende de 25 à 3.000 francs.

Art. VII. — Les dispositions de la présente loi ne sont pas applicables aux ordres de Bourse.

Il faudrait peu connaître les exploiteurs de l'épargne populaire, et se méprendre sur les ressources de leur esprit ingénieux et fertile en expédients, pour croire que la loi du 12 mars 1900 a pu arrêter, ou même entraver, leur fâcheux commerce. Dans la plupart des officines de ventes à tempérament, tout continue, à peu de chose près, à se passer comme avant la promulgation de la loi. C'est ainsi, par exemple, que la clause si gênante qui interdit de mettre en gage les titres vendus est, pour nombre de vendeurs, restée lettre morte; ils la tournent avec la plus grande facilité de la manière suivante : ils déposent en nantissement d'avances ou de compte courant d'avances, dans une grande banque ou société de crédit, les titres dont ils ont la garde, en stipulant que les coupons détachés ne devront pas être encaissés par la banque, mais, sous réserve d'acquitter les intérêts dus, leur être remis en nature. Dès lors, rien ne leur est plus aisé que d'adresser à leurs clients, ainsi qu'ils s'y sont engagés, et comme justification que les titres sont toujours entre leurs mains, les coupons authentiques des obligations qu'ils leur ont vendues. Si la banque dépositaire se refuse à remettre les coupons en nature, l'emprunteur en est quitte pour dégager]et retirer les titres avant le détachement du coupon, opérer lui-même ce détachement, et les réengager immédiatement après. Il lui suffit, pour effectuer cette opération, de se procurer pendant deux ou trois jours au plus les fonds nécessaires au remboursement provisoire de ses emprunts.

Nous pouvons ajouter que la Banque de France, soucieuse de ne pas prêter les mains à semblables pratiques, a depuis quelque temps, conformément aux conclusions d'un rapport d'ailleurs remarquable qui lui a été fait sur cette question par un de ses chefs de service, coupé résolument tout crédit aux exploiteurs de l'épargne populaire. Que les banques et sociétés de crédit imitent cet exemple, et l'industrie de la vente à tempérament des valeurs à lots aura reçu un coup certainement plus rude que celui qui lui a été porté par la loi du 12 mars 1900.

De même que les banques de placement, les vendeurs à tempérament utilisent les services de voyageurs et de démarcheurs pour dépister les clients susceptibles de donner dans leurs panneaux. L'audace de ces rabatteurs est incroyable, et les manœuvres auxquelles ils se livrent pour faire accepter leurs propositions seraient des plus réjouissantes si elles n'avaient pour but de dépouiller de braves gens sans méfiance. C'est dans les milieux ouvriers et paysans qu'ils opèrent de préférence, sachant qu'il leur sera plus facile de tromper, plus facile d'éveiller les convoitises par l'appât de profits fabuleux ; ils font habilement miroiter à leurs auditeurs les prétendus avantages de la combinaison qu'ils proposent, la modicité du premier versement, les facilités de payement, l'importance des lots ; ils escamotent ou travestissent avec dextérité les clauses du contrat qui pourraient effrayer et donner à réfléchir à leur victime, et lui soutirent un engagement avant qu'elle ait compris et se soit ressaisie.

Il faut savourer cet extrait des considérants d'un jugement rendu par le tribunal de Vesoul sur une de ces contestations qui s'élèvent sans cesse entre vendeurs et acheteurs d'obligations à lots (1).

« Attendu que les contrats invoqués par les demandeurs, et qui constituent une exploitation manifeste de la crédulité et de l'ignorance, doivent être considérés comme surpris par dol et déclarés nuls par application des articles 1109 et 1116 du Code civil ;
Attendu, en fait, que le représentant des demandeurs, pour arriver plus facilement à ses fins, s'est adressé de préférence à la dame X... ;

---

(1) *Revue juridique des opérations de bourse*, n° 7, du 25 avril 1907.

que celle-ci, aussi bien que son mari, sont des gens crédules, de peu
d'instruction et complètement ignorants des choses financières; que le
représentant de la maison Y... ne s'est pas borné à user de certaines
réticences tolérées dans les ventes ou à exagérer les qualités de la chose
objet de la convention, mais a intentionnellement trompé les époux X...,
par des affirmations mensongères, sur le cours et la valeur actuels des
titres offerts, de façon à pouvoir faire accepter pour 540 fr. ce qui n'en
valait alors que 330, et pour 500 fr. ce qui n'était coté que 188 fr. ;

Qu'il a aussi trompé de la même façon les époux X... sur les conditions
du tirage et la durée d'amortissement des valeurs offertes, exagérant
sciemment et l'importance des lots et les chances de gains, appâts irré-
sistibles pour des esprits simples;

Attendu qu'il y a là un ensemble de manœuvres concordantes, dont
le résultat a été de dissimuler frauduleusement à X... la véritable situation
et de l'amener ainsi à signer des engagements abusifs et léonins, qu'il
n'eût point signés sans cela, car il est évident que tout homme jouissant
de son bon sens se fût, en toute connaissance de cause, refusé à contrac-
ter dans de telles conditions. »

On a remarqué que la loi du 12 mars 1900 faisait défense
aux établissements qui se livrent à la vente à crédit des
valeurs de Bourse de prendre la dénomination de « Caisse
d'épargne », même précédée ou suivie d'un qualificatif dis-
tinctif. C'est, en effet, en se servant de cette appellation
connue et rassurante que nombre de maisons louches ten-
taient de faire confusion avec notre établissement national ;
cette prohibition montre, du reste, assez clairement le degré
de simplicité de la clientèle spéciale de ces officines.

C'est encore en usant et en abusant des expressions « épargne, prévoyance, économie », que les trafiquants de valeurs
à lots continuent à en imposer aux classes laborieuses, alors
qu'il est avéré « que loin d'être un encouragement à l'épargne,
ces ventes ne sont qu'un appât immédiat au jeu par la possibilité de gagner un lot important (1) », « qu'elles n'ont pour
but et pour objet, non d'appliquer une forme de la prévoyance
morale et sociale, mais d'exploiter l'épargne populaire par
l'appât et la séduction de valeurs à lots et des tirages pério-
diques qu'elles comportent ; que de telles spéculations sont
léonines et abusives, en ce qu'elles dissimulent, sous le prétexte d'accords réciproques, un trafic destiné à procurer à ceux
qui s'y livrent de fortes majorations, sans les exposer à aucun
aléa ; qu'elles ne sont qu'une apparence pour masquer un
marché illicite, la vente des billets de loterie, et non un placement de fonds véritable (2) ».

On ne saurait mieux juger, ni dire plus clairement que,

---

(1) Tribunal civil d'Alger, jugement du 27 octobre 1901.
(2) Cour d'appel de Paris (3e ch.), jugement du 28 mars 1900.

dans les conditions où elles se pratiquent, les ventes à tempérament de valeurs à lots constituent un marché de dupe pour le gogo qui se laisse aller à le conclure.

Cependant, malgré avertissements, jugements et lois restrictives, le trafic des valeurs à lots continue à prospérer. C'est que, en dépit des conditions usuraires dans lesquelles il accorde le crédit, le vendeur à tempérament se présente sous le masque de marchand d'Espoir à sa clientèle. Celle-ci ne raisonne pas, elle ne calcule ni l'improbabilité du lot, ni la majoration des cours ; elle ne voit dans l'obligation proposée que la possibilité de gagner une fortune, c'est-à-dire l'espérance de sortir de la médiocrité, quelquefois de la misère, d'assurer la sécurité du lendemain, de goûter enfin aux joies que l'aisance apporte ou semble apporter avec elle. Peut-on blâmer ceux que la vie a maltraités de rêver une condition meilleure ? Non, sans doute, et ce sentiment est trop naturel, trop légitime, pour n'être pas compris et encouragé. Mais, nous ne saurions trop le répéter, le sacrifice pécuniaire doit être proportionné à la valeur de l'acquisition, et il n'est pas aujourd'hui nécessaire d'avoir recours aux services dispendieux des écumeurs de la petite épargne pour posséder une valeur à lots.

Qu'on en juge : les obligations de la Ville de Paris et du Crédit foncier sont presque toutes fractionnées en quarts ou en cinquièmes dont la valeur en Bourse se tient aux environs de cent francs. Si on ne peut réunir ce petit capital en une seule fois, il est toujours possible, en attendant de le compléter, de placer ses économies à la Caisse d'épargne.

Veut-on multiplier les chances de lots et posséder plusieurs obligations, ou coupons d'obligations, une combinaison s'offre alors, précisément celle qui est illégalement employée par les vendeurs à tempérament : il suffit de se procurer pour quelques jours les fonds nécessaires à l'achat des obligations qui sont, aussitôt que possible, déposées dans une banque en garantie d'une avance. La Banque de France fait des prêts à partir de 250 francs et avance 75 % de la valeur du gage. Certaines sociétés de crédit, lorsqu'elles sont chargées de l'achat et que la demande d'avance est signée immédiatement, consentent même à effectuer ces deux opérations simultanément et moyennant une provision de 25 % de la valeur des obligations, provision qui représente la différence entre le montant de l'achat et le montant du prêt. On voit qu'il est ainsi possible, avec le prix d'une obligation, d'en acquérir quatre.

Nous ne recommandons pas expressément cette dernière combinaison, qui a l'inconvénient, quelle que soit la modération du taux des avances, de faire payer des intérêts supplémentaires à l'emprunteur. Nous pensons qu'il vaut mieux posséder une obligation en toute propriété que d'en avoir quatre sur lesquelles on a contracté une dette des trois quarts de leur valeur. Mais nous nous hâtons d'ajouter que n'importe quelle combinaison sera toujours préférable au danger de tomber dans les mains redoutables des vendeurs à tempérament.

2. — Spéculation sur les chances de lots. Ventes à option. Achats en participation, etc. — La vente à tempérament peut, à la rigueur, passer pour une opération de placement combinée avec un achat de chances de tirages de valeurs à lots ; il ne peut en être de même de certaines spéculations où l'idée de placement disparaît pour ne laisser place qu'à la vente usuraire d'un véritable billet de loterie. Ces spéculations, amorcées par tous les moyens de publicité, dont l'annonce s'étale dans les principaux journaux, sont cependant interdites par la loi du 21 mai 1836 qui défend « toutes les opérations offertes au public pour faire naître l'espérance d'un gain qui serait acquis par la voie du sort ».

Une combinaison fréquemment employée consiste à vendre les chances des tirages sur un certain nombre de valeurs à lots pendant un temps déterminé. C'est ainsi que pour la somme de cinq francs un grand nombre d'officines offrent une série de 30 à 150 numéros de titres à lots divers (quarts ou cinquièmes d'obligations de la Ville de Paris et du Crédit foncier, bons de Panama, du Congo, lots turcs, etc.) avec participation aux tirages pendant deux ans. Ce qu'on omet toujours de spécifier dans les prospectus, c'est le nombre de participants à la série offerte, nombre généralement très élevé et qui va jusqu'à 1000 participants. Ce groupement

de 1000 participants est d'ailleurs purement fictif et imaginé
pour les besoins de la cause, afin de ne servir qu'une
prime dérisoire de 100 à 500 francs à la pauvre dupe dont
un des numéros a gagné un lot de 100 000 ou de 500 000 fr.
Encore nous plaçons-nous dans l'hypothèse où le vendeur
d'Espoir serait effectivement possesseur du titre gagnant et
n'aurait pas, à l'annonce d'un succès aussi inattendu que
malencontreux, levé précipitamment le pied.

Les bénéfices réalisés par les marchands de numéros sont
énormes et hors de proportion avec la valeur mathématique
des chances de lots qu'ils transfèrent à leur naïve clientèle.

La *vente à option*, autre opération usuraire, se pratique
sur une vaste échelle : le banquier vend la valeur à lots à un
prix supérieur au cours de la Bourse, avec faculté pour
l'acheteur soit de réaliser l'opération et de prendre ultérieu-
rement livraison du titre, soit de le rétrocéder au vendeur à
un prix se rapprochant de sa valeur réelle. La provision
fournie par l'acheteur représente donc, suivant le cas,
l'acompte versé sur le montant de la négociation ou la prime
prélevée par le banquier pour la cession du droit au tirage.

Il est à peine besoin de faire remarquer que l'opération
de vente n'intervient ici que pour masquer l'opération de
jeu prohibée par la loi de 1836. Si le client avait réellement
eu en vue l'acquisition d'une valeur à lots, il n'eût certainement pas opéré dans des conditions aussi contraires à ses
intérêts.

Nous abordons maintenant une autre combinaison qui
permet à quelques industriels sans vergogne de se constituer
des rentes aux dépens de la petite épargne : c'est l'*achat en
participation* de valeurs à lots.

L'industriel, à grand renfort de réclames, offre au public
la co-propriété d'un certain nombre de valeurs à lots
moyennant un versement mensuel qui se continue pendant
plusieurs années. C'est ainsi qu'en payant 2 fr. 50 par mois
pendant dix ans on jouit de la co-propriété, avec droit
immédiat aux tirages, de 50 bons, quarts ou cinquièmes
d'obligations à lots. Ce qu'on tente de dissimuler c'est que, ici
encore, le nombre des participants est de 1 000, ce qui
n'assure qu'une très médiocre répartition à l'adhérent dont
la chance favoriserait la série. Du reste, un calcul très simple
fera tout de suite ressortir l'économie de cette opération
financière :

1 000 participants à 2 fr. 50 par mois, soit 30 fr. par an,
rapportent au bout de l'année 30 000 fr. et, au bout de 10 ans,

300 000 fr. Or, la valeur des 5o titres mis en participation est d'environ *5 000* fr. On peut se rendre compte, par la comparaison des chiffres, que le bénéfice réalisé par l'honnête courtier est fort appréciable.

Il est juste d'ajouter que tout participant reçoit, en outre des avantages précités, de vagues « bons de capitalisation », représentant plusieurs fois le capital versé, et remboursables... dans des conditions indéterminées et dans un temps indéfini, mais qu'on assure toutefois ne pas dépasser 99 ans ! Nous conseillons aux braves adhérents qui n'auraient pas encore empoché le gros lot de ne pas trop faire fonds sur ces bons de capitalisation pour assurer le pain de leurs vieux jours.

Toutes ces machinations financières, et d'autres similaires, n'ont qu'un but : détrousser les classes pauvres et laborieuses auxquelles on promet « la fortune par l'épargne » et dont on rafle les maigres économies si péniblement amassées ; qu'elles se méfient se défendent.

3. — Loteries publiques. — Puisque nous venons de parler de la négociation de véritables billets de loterie, qu'on nous permette une courte digression pour regretter, avec un grand nombre d'économistes et de parlementaires, le principe de ces loteries publiques autorisées chaque année par le gouvernement français pour des millions.

La loterie moderne en France est en apparence, mais en apparence seulement, au profit d'œuvres de mutualité ou de bienfaisance ; en réalité elle sert surtout les intérêts d'intermédiaires rapaces. On peut en juger par certaines loteries récentes dont le bilan, suivant des documents apportés à la tribune de la Chambre, s'est établi de la façon suivante : 10 % du montant de la loterie attribués aux numéros gagnants ; 75 % *aux intermédiaires* (frais de publicité, dépositaires, inventeurs de pochettes, etc.) ; 15 % à l'œuvre en faveur de laquelle elle a été autorisée.

Encore pourrait-on citer des loteries où l'œuvre n'a rien touché !

Or, si l'on songe que les loteries grèvent surtout l'épargne populaire, on déplorera avec nous cet impôt volontaire qui pèse sur les classes pauvres attirées par le mirage décevant du gros lot. La bienfaisance pure intervient d'ailleurs ici très rarement, et les trafiquants, gens avisés, font plutôt appel à l'esprit de lucre qu'à l'esprit de charité pour recruter leur clientèle. Ce dont il importe que l'acheteur se pénètre, lorsqu'il acquiert un billet d'une loterie semblable à celle dont nous venons de parler, c'est que la valeur intrinsèque de son billet, c'est-à-dire la valeur réelle de ses chances de lots ressort exactement à o fr. 10 c, ; qu'il verse en outre o fr. 15 c. à l'œuvre et abandonne o fr. 75 c. aux intermédiaires. Peut-être ces considérations seront-elles de nature à le faire hésiter avant de faire un placement aussi désavantageux.

Répondant à la question qui lui a été posée à ce sujet à la tribune parlementaire, le ministre compétent a promis d'étudier l'affaire et de limiter désormais ces scandaleuses émissions. C'est avec plaisir que nous enregistrons ces promesses.

Nous clôturons ici ce chapitre, ce qui ne signifie pas que nous avons touché à toutes les exploitations de la petite épargne, que nous avons dénoncé tous les voleurs de pauvres. Conformément au programme que nous nous sommes tracé, nous nous en sommes tenu à la « spécialité financière »; mais à côté de celle-là il y en a cent autres tendant au même but par des moyens différents. Pour en donner un exemple, y a-t-il chose plus navrante que l'exploitation des sans-travail qui se pratique journellement au moyen des manœuvres les plus audacieuses et les plus coupables, telles que les vols au placement, au cautionnement, à la vente de matériel avec promesse toujours fallacieuse de travail, etc. etc. ? Il faudrait des volumes pour tout enregistrer et tout commenter. Ce que le lecteur doit retenir, c'est que, si minimes que soient ses épargnes, si respectable qu'en soit la source, il trouvera toujours sur sa route, déguisé sous un masque humanitaire, quelque aigrefin qui tentera de s'en emparer.

VII

SPÉCULATIONS SUR MARCHANDISES

1. — Le Marché commercial. — Il est difficile, lorsque l'on parle des manœuvres qui se trament à l'ombre du Palais de la Bourse financière, de ne pas dire quelques mots de celles qui s'élaborent sous la coupole de la Bourse de commerce. Nous retrouvons sur le marché commercial, habilement entretenue par ceux qui en profitent, cette même fièvre de spéculation que nous avons déjà vue se développer sur le marché financier; ici comme là, les procédés sont identiques et les résultats tout aussi désastreux pour les agioteurs.

Les spéculations sur marchandises ont précédé les spéculations sur valeurs mobilières : celles-ci n'étaient pas encore créées que déjà ceux que l'Histoire a flétris du nom d'accapareurs agiotaient sur marchandises, plus spécialement sur denrées alimentaires. C'étaient les précurseurs de nos modernes trusteurs. On se rappelle la fin atroce des de Foullon et des Bertier qui, au début de la Révolution, furent sacrifiés à la haine que le peuple gardait pour ses « affameurs ».

Les denrées qui sont l'objet de transactions à la Bourse de commerce comprennent les céréales, la farine, le sucre, les huiles, les alcools, le café, le pétrole, le coton, la laine, les métaux, les tissus, etc. Ces marchandises, qui sont toutes d'une consommation courante et générale, donnent nécessairement lieu à des échanges considérables. Jadis les affaires se traitaient sur échantillon, ce qui ne laissait pas que d'entraver les négociations. On a maintenant adopté, pour chaque espèce de marchandise, une qualité moyenne, uniforme et connue, sorte d'étalon ayant une production considérable, un écoulement certain, et pour lequel il n'est plus besoin d'échantillon.

Jusqu'en 1866, et sauf pendant quelques années de la période révolutionnaire, les transactions de marchandises devaient obligatoirement passer par l'intermédiaire de courtiers officiels nommés à cet effet. La loi du 18 juillet 1866 supprima ce monopole et décida que, à partir du 1er janvier 1867, la profession de commissionnaire ou de courtier en marchandises pourrait être librement exercée.

En outre des courtiers libres, la loi a institué des courtiers assermentés, nommés par le Tribunal de commerce, astreints à certaines obligations morales et pécuniaires.

Les droits de courtage dus aux intermédiaires assermentés pour les ventes publiques au comptant ou les estimations de marchandises sont fixés par le ministre de l'Agriculture, du Commerce ou des Travaux publics, après avis de la Chambre ou du Tribunal de commerce. Tous autres droits de courtage peuvent être librement débattus et fixés. Le courtage s'augmente quelquefois du « ducroire », qui n'est autre chose que la garantie donnée par le commissionnaire au vendeur ou à l'acheteur quant à la parfaite exécution du marché intervenu par son entremise.

Les cours authentiques des valeurs traitées à la Bourse de commerce sont publiés, par les soins et sous le contrôle du syndicat des courtiers assermentés, dans une cote officielle qui paraît tous les jours ouvrables. Ces cours sont reproduits dans diverses publications commerciales et dans la plupart des grands journaux quotidiens; on y joint généralement des informations statistiques sur la production, l'écoulement des stocks, etc.

On le voit, la législation qui concerne le trafic des marchandises est beaucoup plus libérale que celle qui vise la négociation des valeurs mobilières. C'est même, pour les partisans de la suppression du monopole des agents de change et de la création d'un marché financier libre, un argument qu'ils ne manquent jamais de faire valoir à l'appui de leur thèse.

2. — Spéculation commerciale. — L'utilité des Bourses commerciales ne saurait être contestée. Elles sont indispensables pour faciliter la circulation des marchandises et en régulariser les cours. Malheureusement, de même qu'à la Bourse des valeurs, il s'y traite beaucoup plus d'opérations de pur agiotage que d'opérations effectives et sérieuses. Les spéculations au comptant sur marchandises ne sont possibles que pour les professionnels ou les asso-

LES RAPPORTS D'INGÉNIEURS.

Les premières fouilles, menées avec la plus grande activité, ont
affirmé, de façon éclatante, l'existence du métal précieux.

(D'après *l'Assiette au beurre*, numéro de « la Bourse ».)

ciations possédant de très gros capitaux. C'est surtout au moyen des opérations à terme, qui se règlent presque toujours par simples différences, que la spéculation fait des ravages ; elle est encouragée par les courtiers assermentés ou libres qui remplissent ici le rôle que jouent, à la Bourse des finances, les agents de change et les coulissiers.

Les règlements et usages en vigueur à la Bourse du commerce donnent, en effet, toutes facilités à la spéculation et la mettent vraiment à la portée de tous : une simple provision de 50 francs suffit pour s'engager à terme sur 25 sacs de farine ou de sucre, sur 25 quintaux de blé, d'avoine, de laine ou d'huile de colza ; et d'autre part on voit de puissants syndicats révolutionner le marché et faire « cascader » les cours de telle ou telle marchandise sur laquelle ils ont jeté leur dévolu ; les affaires à terme sont traitées depuis le « fin courant » jusqu'à 6 et 8 mois d'échéance ; il est possible de s'engager sur quatre mois liés et de se liquider chaque mois par quart ; on peut à tout moment résilier tout ou partie d'un marché, c'est-à-dire liquider une opération quelle qu'en soit l'échéance ; il est loisible, moyennant commission, de reporter une opération échue sur une échéance plus éloignée ; enfin, indépendamment du marché à terme « ferme », il existe un marché « à primes » qui présente les combinaisons les plus ingénieuses. Pour opérer à prime il n'est nécessaire de verser que le montant de la prime, sans autre provision. On distingue : la « prime simple », qui assure le payeur contre la hausse ou contre la baisse et limite sa perte au montant de la prime ; la « prime double », qui suivant les fluctuations des cours, permet au payeur de se déclarer acheteur ou vendeur. Les prix des primes varient selon le temps qui reste à courir depuis le moment où elles sont traitées jusqu'à leurs échéances.

Le report et le déport se pratiquent à la Bourse de commerce, et, de même qu'à la Bourse financière, donnent souvent lieu à des abus regrettables.

Le report comprend, en outre de la commission de l'intermédiaire, l'intérêt dû au capitaliste qui a fait l'avance des fonds à l'acheteur à découvert, les frais de magasinage et le ducroire. Le taux des reports varie selon les engagements à proroger et les capitaux mis à la disposition du marché ; il est quelquefois influencé par la coalition de puissants spéculateurs qui se sont au préalable constitués vendeurs.

Les déports offrent également prétexte à des manœuvres blâmables : lorsqu'il existe un fort découvert à la baisse (1) sur une marchandise, les détenteurs de cette marchandise s'entendent pour ne la livrer aux vendeurs qui veulent garder leur position sur une autre échéance qu'à des conditions exorbitantes. C'est alors la « chasse au découvert » et l' « étranglement » du vendeur qui se trouve dans l'alternative de se liquider à un prix désastreux ou de payer un déport ruineux. C'est exactement la copie de ce qui se passe à la Bourse des valeurs en pareille occurrence.

A la fin de chaque mois a lieu la liquidation de toutes les opérations qui restent en cours sur ce mois. Les reventes et les rachats que nécessite la liquidation se font au cours moyens de la journée. Ces cours, dits « de compensation », servent aussi de base pour les réponses de primes et les reports.

Nous avons vu, dans un précédent chapitre, que les vulgaires agioteurs en Bourse sont, quoi qu'ils fassent, sous l'entière dépendance de cette puissance occulte et formidable que l'on nomme « la haute finance ». Il en est de même sur le marché commercial. Les oscillations du cours des marchandises sont basées sur des faits ou des opinions que tous, *a priori*, semblent être à même d'apprécier, c'est-à-dire : la bonne ou la mauvaise récolte, l'excédent ou le déficit des stocks, les mouvements respectifs de la production et de la consommation, les projets de lois, etc. En réalité tous ces éléments de hausse ou de baisse sont perfidement exploités, dénaturés par les gros spéculateurs et les syndicats qui, par leurs journaux et leurs créatures, sèment l'épouvante ou ramènent la confiance, à leur gré, selon leurs vues et conformément à leurs intérêts.

C'est à tort qu'on prétend parfois que la spéculation sur marchandises est moins dangereuse que la spéculation sur valeurs mobilières. On s'appuie pour soutenir cette opinion — presque toujours intéressée — sur ce que les denrées traitées à la Bourse de commerce, quelles qu'en soient les fluctuations, conservent toujours une valeur propre, alors

_____

(1) Le découvert à la baisse se manifeste lorsqu'en liquidation il y a davantage d'acheteurs à terme décidés à « lever » la marchandise que de vendeurs à terme pouvant livrer cette même marchandise. Les vendeurs sont alors contraints, s'ils ne veulent pas se liquider au cours de compensation, de s'adresser aux détenteurs de la marchandise qui leur font payer une commission que l'on nomme « déport ». C'est, en somme, le contraire de ce qui se passe pour le report.

que les titres mobiliers peuvent tomber à rien. Ce raisonnement est spécieux : les variations des cours des marchandises sont, en général, autrement importantes que celles qui
s'observent sur les valeurs spéculatives. Même dans une
période normale, il est aisé de constater la fréquence et
l'ampleur des écarts de prix sur des produits tels que le
coton, la laine, le café, etc. C'est bien pis quand, à la faveur
d'une crise politique ou économique, une spéculation effrénée se livre à des tripotages sans nom sur telle ou telle den-
rée ! Qu'on se rappelle la période tourmentée de 1903 à 1905
pendant laquelle le cours du sucre subit des mouvements
désordonnés ; elle aboutit à un krach colossal qui entraîna
la ruine de milliers de petits agioteurs, la déconfiture de
nombreux intermédiaires et aussi la chute de spéculateurs
de large envergure tels que M.M. Jaluzot et Cronier. Pour une
fois la force des événements avait déjoué les prévisions et
les combinaisons des grands « accapareurs ».

3. — Courtiers marrons. — L'expression « courtier
marron », par laquelle on désigne quelquefois l'intermédiaire non qualifié du marché financier, s'applique plus
particulièrement au courtier qui trafique à la faveur de
prétendues transactions commerciales. Le courtier marron
ne fait partie d'aucun des syndicats installés à la Bourse de
commerce, n'opère pas sur le marché et se contente de faire
la contre-partie des ordres que lui passent les agioteurs. Le
nombre d'officines qui pratiquent le marronnage est considérable ; leur ingéniosité pour dépister le client ne le cède
en rien à celle que déploient dans le même but leurs confrères de la Bourse des valeurs. Il est juste d'ajouter que
leur rôle est ici plus facile, qu'ils sont moins exposés à des
revendications justifiées, puisque la liberté des courtages
commerciaux résulte de la loi du 18 Juillet 1866, et que
tout intermédiaire, même assermenté, peut prendre une
affaire à son compte, sous la seule condition de le déclarer
préalablement à la partie adverse.

Beaucoup de maisons de contre-partie commerciale se
sont montées sous la forme de sociétés anonymes. Est-il
besoin d'ajouter que nous retrouvons ici les mêmes vices
fondamentaux que nous avons observés dans la constitution
des sociétés patronnées par les banques véreuses : fictivité
des souscriptions, exagération des apports ? Cette transforma-
tion permet aux courtiers marrons de se parer d'un titre
ronflant, de faire croire à une organisation administrative

perfectionnée, de mettre en évidence la garantie d'un capital important... mais combien chimérique ! et, à l'occasion,
de placer les propres actions de la société parmi une
clientèle naïve.

Des combinaisons ingénieuses s'échafaudent parfois à
l'ombre de ces sociétés : comme les actions d'apport qui forment la presque totalité du capital ne sont négociables qu'au
bout de deux ans, les administrateurs de ces sociétés créent
des « parts de fondateur » (1) auxquelles ils attribuent une
valeur arbitraire, et qu'ils acceptent en couverture d'opérations ou en payement de pertes ; comme les bénéfices réalisés par les clients sont aussi spécifiés payables en parts,
les malins courtiers sont bien certains de n'avoir jamais à
rendre les fonds encaissés. Dans le même but, d'autres
industriels ont eu l'idée de fonder une association commerciale en participation, étant entendu que chaque part aura
pouvoir libératoire, pour sa valeur nominale, dans les opérations traitées par la société. Certaines maisons ont même
poussé la générosité jusqu'à rembourser en parts les pertes
payées en espèces. C'est ce qu'elles appellent « opérations
sans risque » !

Les courtiers marrons font tantôt la contre-partie déclarée, tantôt la contre-partie clandestine, selon le genre de
clientèle qu'ils visent. Ils tentent par tous les moyens de
créer une confusion avec les maisons de commission sérieuses de la place : leur installation, leurs procédés, leurs
imprimés sont identiques. Comme les courtiers opérant sur
le marché, ils éditent des journaux, brochures ou circulaires
au moyen desquels ils tentent d'attirer et de retenir les
spéculateurs. Quelques-uns se contentent de faire autogra-
phier un bulletin quotidien qui relate les cours cotés à la
Bourse de commerce, reproduit les principales informations signalées par les agences, et donne quelques conseils
dans une courte causerie.

Les courtages perçus par les contre-partistes sont presque
toujours inférieurs à ceux prélevés par les courtiers assermentés et les commissionnaires. Il est vrai que les premiers
se rattrapent largement sur la carotte !

---

(1) Les *parts de fondateur* sont des titres auxquels les statuts d'une société
attribuent un droit sur les bénéfices restants après l'attribution préalable
d'un certain dividende aux actionnaires. Le plus souvent ces parts sont
créées pour rémunérer les services, travaux, études, connaissances des
fondateurs de la société.

Les maisons qui pratiquent le marronnage se fondent et disparaissent avec une vélocité qui tient du prodige. Lorsque, après de cruels déboires, tel agioteur se trouve subitement favorisé par une veine inespérée, il a fréquemment l'amertume de constater que son courtier, toujours si accueillant pour encaisser, a, très opportunément, déserté son poste lorsqu'il s'agit pour lui de débourser.

4. — Remisiers et Rabatteurs. — Ici encore, nous voyons réapparaître le remisier, ce Protée de la spéculation, dont il est tantôt l'auxiliaire et tantôt le parasite, et que nous connaissons déjà sous quelques-unes de ses incarnations. Le remisier « près la Bourse de commerce » ne diffère pas sensiblement, quant à la mentalité et aux habitudes, de son congénère le remisier « près la Bourse de Paris ». Quelques-uns se confinent dans leur rôle de transmetteurs d'ordres, de conseillers plus ou moins autorisés des négociants et des spéculateurs, et sont susceptibles de rendre les services qu'on attend d'eux ; d'autres, plus audacieux et aussi moins scrupuleux, s'intitulent « directeurs d'opérations » et, pour justifier cette qualité, brassent des opérations louches qui ont toujours pour résultat final de dévorer les provisions qui leur ont été versées directement à titre de garantie. Quelques remisiers de cette dernière catégorie, pour arriver plus sûrement à leurs fins, ont imaginé des « méthodes personnelles et infaillibles » extrêmement embrouillées où le « ferme » se combine avec la « prime », et où les « facultés » (1) voisinent avec l'« échelle des primes ». Nous n'insistons pas sur ces combinaisons que nous avons déjà vues pratiquées avec succès sur le marché financier.

La commission allouée par les courtiers et commissionnaires en marchandises aux remisiers est assez variable ; comme toujours, ce sont les maisons les moins sérieuses qui offrent les plus belles remises.

Plus à redouter encore que les remisiers sont ces commis voyageurs d'un ordre spécial que l'on désigne sous le nom « de démarcheurs » ou mieux de « rabatteurs ». C'est principalement en province, dans les régions industrielles ou agricoles, que s'exerce leur funeste activité. Au service de maisons souvent peu recommandables, ils s'adressent de préférence aux cultivateurs, meuniers, éleveurs, fermiers, dis-

---

(1) On désigne sous le nom de « facultés » un marché mixte se composant d'une opération ferme et d'une opération conditionnelle.

tillateurs, et tentent de leur persuader qu'ils sont mieux à
même que quiconque de spéculer avec succès sur des denrées qu'ils connaissent, emploient ou produisent.

« Une fièvre de spéculation, habilement exploitée, sinon provoquée par
une certaine catégorie d'intermédiaires devenus de plus en plus nombreux, s'est emparée d'une quantité considérable de personnes habitant
pour la plupart la province ; et l'on s'est mis à jouer avec frénésie sur
les cours de certaines marchandises : les grains, les alcools, les farines,
les huiles et les sucres.

« Des rabatteurs parcourent les départements pour le compte de maisons de Paris, s'adressent de préférence aux cultivateurs, mais tenant à
tous le même langage : « Pour compenser les pertes que l'agriculture
vous a fait éprouver malgré les tarifs protecteurs, que ne spéculez-vous
à la Bourse de commerce? On comprend aisément que vous hésitiez à
donner des ordres à la Bourse des valeurs. Vous ignorez si les titres qui
s'y vendent et s'y achètent sont bons ou mauvais ; car pour cela il vous
faudrait connaître la valeur intrinsèque des sociétés qui les émettent,
leur mode de fonctionnement, leurs statuts, l'état de leurs affaires, la
façon dont elles sont administrées, etc. Au contraire, vous qui cultivez
la terre ou, tout au moins, qui, vivant en province, habitez plus près de
la terre, vous savez à merveille la valeur du blé, du colza, du sucre, de
l'huile, etc. Quand vous vous engagerez soit à la hausse, soit à la baisse
sur ces marchandises, ce sera en parfaite connaissance de cause ; vous
dirigerez vous-mêmes les opérations et vous ne pourrez qu'y faire de
très gros gains. » Et l'on fait miroiter à leurs yeux, par des exemples
savamment préparés, l'espoir de bénéfices faciles et considérables.

« Rien n'est plus insidieux et plus inexact que le langage tenu : autre
chose sont les objets sur lesquels on spécule, autre chose aussi les contrats
à l'aide desquels on spécule et le mécanisme compliqué des opérations
en Bourse ; autre chose encore les campagnes de hausse ou de baisse
qui se poursuivent sans égard à la valeur des marchandises offertes ou
demandées. Et l'on voit, notamment dans les grands centres éprouvés
par les crises agricoles, toute une population de petits commerçants, de
très humbles cultivateurs et même de valets de ferme se livrer à une
spéculation effrénée ! (1) »

En résumé, le marché commercial, par les tentations et les facilités
qu'il offre à tous les joueurs, par les agissements des intermédiaires et
des trusts, est, au point de vue spéculatif, tout aussi redoutable que le
marché des valeurs.

*Ainsi, lecteurs, que vous ayez heureusement évité les pièges
financiers ou, au contraire, que vous en soyez sortis quelque
peu meurtris, n'essayez pas de vous enrichir ou de vous refaire à
la Bourse de commerce, vous y laissereriez vos derniers espoirs
et vos ultimes ressources.*

---

(1) Maurice Quentin, *Exception de jeu à la Bourse de commerce*. (A. Pédone,
édit., 1897.)

VIII. — POUR SAUVEGARDER SA FORTUNE

1. — Les placements sérieux. — Après avoir passé
en revue la liste — qui s'est bien allongée depuis Panurge —
des moyens propres à faire passer l'argent des dupes dans
la poche des dupeurs, il nous semble nécessaire, pour compléter notre tâche, de formuler brièvement quelques principes essentiels à la sauvegarde d'une fortune petite ou
grande.

Le premier principe, et le plus important, c'est de ne se
reposer que sur soi-même pour la gestion de sa fortune.

Cette entreprise est-elle, dans nombre de cas, d'une impos-
sibilité absolue ? est-elle trop ardue, trop compliquée pour
la masse des rentiers n'ayant que de vagues notions financières ? Nous répondrons hardiment, non. Cette indispensable
gestion est possible et permise à tous ceux qui détiennent
une portion, quelle qu'elle soit, de la fortune mobilière du
pays.

Entendons-nous bien sur ce point. Sans doute, il est
difficile au grand propriétaire foncier de faire valoir lui-
même ses biens; le plus souvent il se trouve contraint
d'avoir recours à des gérants ou d'affermer ses terres. L'exploitation personnelle et directe lui est, pour ainsi dire,
interdite. Mais pour celui dont l'avoir consiste à peu près
exclusivement en fonds publics, actions ou obligations, il
en va tout autrement. Même lorsque ses occupations ne lui
permettent que de consacrer peu de temps à la surveillance
de son portefeuille, qu'il soit commerçant, fonctionnaire,
artiste, avocat, artisan même, le détenteur de titres peut
aujourd'hui trouver aisément les moyens de n'acquérir que
de bonnes valeurs et de les garantir, à peu de frais, contre les
risques de perte ou de vol.

La condition indispensable pour arriver à un tel résultat
se devine aisément; elle ressort de tout ce que nous avons
dit au cours des précédents chapitres : c'est que le possesseur de titres ne sera pas hanté par cette chimère de

retirer de ses capitaux un rendement supérieur à celui du loyer ordinaire et normal de l'argent ; c'est que, fort sagement, il fera ses placements en ce qu'on est convenu d'appeler des « valeurs de tout repos » ou « de père de famille ». Il laissera à d'autres, mieux placés pour distinguer entre les bonnes et les mauvaises valeurs, plus riches, plus aventureux, le soin de souscrire à ces « valeurs de spéculation » qui offrent parfois de grosses plus-values ou de beaux dividendes, mais qui ne sont rien moins que sûres, et auxquelles on ne saurait s'intéresser qu'avec circonspection et en toute connaissance de cause.

Loin de nous l'intention de décourager l'esprit d'entreprise, trop peu développé encore en France. Que des banquiers, des industriels, des financiers, des gros capitalistes, des hommes d'affaires mettent leur expérience et leurs capitaux au service d'entreprises commerciales, industrielles ou financières, rien de mieux. C'est l'honneur et parfois le profit des gros capitaux de s'aventurer en éclaireurs audacieux sur le chemin glissant des affaires trop nouvelles encore, et trop incertaines, pour que la masse des petits rentiers puisse s'y intéresser. « Il y a des spéculations honnêtes, il y en a de nécessaires, a dit excellemment Jules Simon. Si les capitaux n'avaient pas, eux aussi, leur bravoure, l'industrie ne prendrait pas les merveilleux développements dont nous sommes témoins ». Mais que, sous le prétexte mensonger d'encourager l'épargne et les affaires, des aigrefins exploitent la naïveté de braves gens en les faisant participer comme bailleurs de fonds à des entreprises imaginaires ou frauduleuses, en les dépouillant audacieusement, et le plus souvent impunément, voilà ce qu'il importe de dénoncer devant l'opinion publique afin de la mettre désormais en méfiance et en garde.

Ainsi, division absolue : d'un côté ceux dont l'intérêt bien compris aussi bien que l'utilité sociale est de commanditer les grandes entreprises nouvelles, de créer les affaires ; de l'autre, les rentiers petits et moyens qui n'ont ni le loisir ni la possibilité d'étudier les valeurs financières et doivent se contenter de placements, peu rénumérateurs à la vérité, mais aussi sûrs que possible, car la sécurité absolue ne saurait exister en matière de placements financiers ou autres. C'est pour ces derniers que nous écrivons : les premiers, outre qu'ils n'ont pas besoin de nos conseils, sont trop grosses pièces pour se laisser aisément prendre dans les pièges tendus par les braconniers de la finance.

Y a-t-il difficulté sérieuse pour un rentier peu ou pas au courant de notre marché financier à distinguer les valeurs de tout repos des valeurs spéculatives ?

Il n'y en a aucune.

Qui ne connaît actuellement les rentes françaises et étrangères dont le rendement plus ou moins élevé indique assez exactement le degré de confiance qu'inspire aux prêteurs le gouvernement qui les émet ; qui ne sait que certaines valeurs, en outre de la garantie qui leur est propre, jouissent encore de celle de l'État : tels sont les obligations des grandes compagnies de chemins de fer, les emprunts faits par certaines colonies françaises, etc. ; qui n'a entendu parler des obligations émises par la Ville de Paris et d'autres grandes villes de France, par les départements français, par le Crédit foncier, obligations que la petite épargne a adoptées en raison de l'attrait des lots qui y sont attachés et malgré leur faible rendement ? Enfin, sans être nullement versé dans la connaissance de la Bourse, il est aisé de distinguer certains titres industriels ou financiers, français ou étrangers, qui jouissent d'une réputation notoire, d'une estime méritée, et que l'on peut classer parmi les valeurs recommandables.

Nous arrêtons ici cette énumération, notre but n'étant pas tant d'apprécier les placements sérieux que de prémunir contre les mauvais (1).

2. — Dépôts. Avances. Assurances.

Dépôts. — Ce n'est pas tout d'acheter de bonnes valeurs, il faut encore les garantir contre les risques de perte ou de vol. Les valeurs au porteur, plus spécialement, offrent sous ce rapport un danger évident. Le remède est facile et peu coûteux : il suffit de les déposer dans une grande banque ou société de crédit qui, moyennant une commission minime, se chargera de la garde des titres, du détachement et de l'encaissement des coupons.

Ici encore, il nous faut mettre en garde les déposants contre certaines banques à titres ronflants, à installation luxueuse, qui, pour des fins funestes, tentent d'attirer dans leurs caisses les valeurs mobilières en offrant à leurs propriétaires toutes sortes de facilités et d'avantages, y compris la remise

---

(1) On lira avec fruit pour ce qui concerne les placements l'excellent ouvrage de notre regretté maître et ami Pierre des Essars : *Pour gérer sa fortune.* Librairie Larousse. (*Note de l'auteur.*)

du droit de garde. Il ne faut confier ses titres qu'à des établissements financiers parfaitement connus et cotés, où ils ne peuvent courir aucun danger.

La Banque de France semble plus spécialement désignée pour cette mission de confiance : l'aménagement irréprochable de ses serres de titres, ses habitudes d'ordre, de discrétion, de loyauté commerciale offrent toute sécurité et toute satisfaction à ses déposants. Elle a créé à leur intention un compte d'arrérages au crédit duquel est porté le produit des coupons et des titres amortis encaissés, et sur lequel le titulaire dispose au moyen de chèques. Grâce à cette combinaison, rien n'est plus aisé que d'administrer soi-même sa fortune, fût-elle considérable.

Le droit de garde annuel est fixé par la Banque à o fr. 10 par 25 francs de rente perpétuelle, o fr. 20 par 25 francs de rente amortissable ou pour toute valeur d'un capital ne dépassant pas 1 000 francs. Au-dessus de ce chiffre le droit est augmenté de o fr. 10 par 1 000 francs. Le minimum est de un franc par dépôt (1).

Au 26 décembre 1907, le nombre des déposants était à la Banque de France de 92 508, pour 705 883 dépôts représentant au cours du jour une valeur de 7 309 000 000 de fr.

Le taux des droits de garde des grandes sociétés de crédit ne diffère pas sensiblement de celui de notre grand établissement national.

Avances. — Lorsqu'un rentier, un capitaliste a un besoin momentané d'argent et qu'il lui répugne d'aliéner ses valeurs mobilières, il lui reste la ressource de les déposer dans une banque en garantie d'une avance de fonds qui lui est consentie.

La Banque de France prête, à un taux généralement très modéré, sur la rente française, les bons du Trésor et du Mont-de-Piété, les actions et les obligations des chemins de fer français, les obligations des villes françaises, des départements, des Chambres de Commerce, du Crédit foncier. La quotité des avances est de 80 °/₀ sur la rente et les obligations du Trésor et de 75 °/₀ sur les autres titres, à l'exception des actions de jouissance des chemins de fer sur lesquelles il n'est prêté que 60 °/₀ de leur valeur. Le minimum du prêt est de 250 francs ; sa durée, de trois mois avec prolongation

---

(1) Il faut espérer que, dans un avenir prochain, la Banque de France se décidera à ne plus exiger ce minimum de perception qui grève surtout la petite épargne.

par tacite reconduction. Un service de comptes courants d'avances, parfaitement compris, donne toute satisfaction aux banquiers, commerçants, capitalistes que leurs affaires obligent à faire de fréquents mouvements de fonds.

Les sociétés de crédit et les principales banques font également des avances, non seulement sur les titres admis par la Banque de France, mais encore sur la plupart des valeurs, françaises et étrangères, cotées au Parquet et en Banque. Les conditions des prêts sont généralement celles de la Banque aggravées d'une commission qui varie suivant la nature des titres déposés en nantissement.

Garantie contre les risques de remboursement au pair. — On entend par « pair » le taux auquel un titre est remboursable. Lorsque le cours en Bourse dépasse notablement le pair d'une valeur, son remboursement (sauf sortie avec lot) devient onéreux pour le porteur. C'est ainsi que l'obligation Ville de Paris 1869, cotée en Bourse 565 francs, est remboursable à 400 francs seulement. Les banques ont imaginé d'assurer ces valeurs contre les suites onéreuses de leur remboursement par voie de tirage ou autrement. La prime d'assurance est naturellement proportionnelle aux risques courus par l'assureur. Ce système fonctionne avec succès, depuis une dizaine d'années, dans la plupart des grandes banques. L'assurance se consent soit pour un tirage, soit pour l'ensemble des tirages d'une année.

3. — Conclusion. — Nous venons de constater qu'il est possible à tous, même à ceux qui ne connaissent rien du marché financier, d'acquérir des valeurs mobilières sérieuses ; que dans les conditions où les grandes banques acceptent les dépôts de titres et consentent des avances il est permis à tous, gros et petits rentiers, d'administrer sa fortune à peu de frais et sans risques. Mais ces sages dispositions ne suffisent pas toujours à conjurer le péril. Si tu veux, ami lecteur, sauvegarder ton avoir, défends-toi contre les entraînements funestes.

Ne spécule pas. — La spéculation, telle qu'il t'est permis de l'exercer, constitue toujours pour toi un jeu de dupe. Contre toi sont ligués tous ceux qui vivent et s'enrichissent de coups de Bourse, de courtages, de carottes, de rapines.

Ne spécule pas, ferme l'oreille aux propos insidieux de ceux qui voudraient t'engager dans des opérations dont le plus clair résultat serait de faire passer dans leur poche les fonds que tu aurais engagés.

Ne fais de placements qu'à bon escient. — Ne te laisse pas tromper par les boniments menteurs des charlatans de la finance. A défaut de connaissances spéciales, de renseignements précis et certains, contente-toi de mettre ou de garder en portefeuille des valeurs notoirement connues et appréciées. Ne cède pas au mirage trompeur des revenus mirifiques et des plus-values fantastiques. Méfie-toi de ces sociétés où tout est truqué, à commencer par le capital.

Même lorsque tu as affaire à de grandes banques, de puissantes sociétés de crédit, redoute encore leurs conseils et crains leurs présents. Leur intérêt et le tien peuvent n'être pas conciliables. La valeur qu'elles te proposent avec une aimable insistance, il est probable, il est certain qu'elles désirent en alléger leur portefeuille.

Ne te laisse pas fasciner par l'attrait du gros lot. — Travailleur, petit épargnant, sois persuadé que la fortune vient bien rarement par la voie d'un tirage heureux. Mais lors même que tu désirerais acquérir cet espoir d'un sort meilleur que représente à tes yeux la valeur à lots, repousse néanmoins les scandaleuses conditions que t'offrent des trafiquants sans scrupules. Il t'est facile, avec un peu d'ordre et d'économie, de te passer de leur onéreux intermédiaire.

Ainsi, tous, capitalistes, rentiers, commerçants, travailleurs, défendez votre patrimoine, vos épargnes. Ne perdez pas de vue que tout près de vous, à droite, à gauche, devant, derrière, dissimulés souvent sous des apparences honnêtes et bénignes, une multitude de flibustiers vous observent, guettent vos poches et sont prêts pour la curée. Gardez-vous des embûches qui vous sont tendues; ayez toujours à la mémoire ces paroles de Benjamin Franklin par lesquelles nous avons commencé et nous voulons terminer ce modeste ouvrage d'intérêt pratique :

Si quelqu'un vous dit que vous pouvez vous enrichir autrement que par le travail et l'économie, ne l'écoutez pas, c'est un empoisonneur.

INDEX ALPHABÉTIQUE

(Voir dans le corps de l'ouvrage la définition des mots qui sont suivis d'un numéro de page.)

Sociétés de crédit. 67 et suiv.
Sociétés étrangères. 48.
Sociétés filiales. 49.
Sociétés véreuses. 41 et suiv.
Souscriptions (Fictivité des) 45.
Souscriptions publiques. 68 et suiv.
Spéculation financière. 9.
Spéculation commerciale. 96.
Stock-Exchange. Vocable anglais par lequel on désigne les Bourses de Londres et de New-York.
Syndicat financier. Association de banquiers et de spéculateurs en vue d'agir sur les cours d'une valeur, au mieux de leurs intérêts, et par des moyens souvent critiquables. 16, 17.

Titre. Document constatant le droit des intéressés dans une société. Le titre au porteur circule librement de mains en mains. Les titres convertis au nominatif sont gardés dans la caisse de la société qui en délivre un certificat immatriculé au nom du propriétaire des titres. (Voir *Impôt.*)
Titres (Indisponibilité des). 64.
Trust. Mot anglais désignant une vaste association formée par la haute banque ou de puissantes sociétés. Les trusts, dont les ressources sont immenses, opèrent souvent sur les marchandises par voie d'accaparement.

Valeurs mobilières. Elles comprennent les fonds publics (rentes d'États), les actions, les obligations, les parts de fondateur, les bons. Leur caractéristique est une mobilisation rapide, une transmission aisée.
Ventes à option. 92.
Ventes à tempérament. 84.

Warrant. Certificat de dépôt de marchandises délivré par les Magasins généraux, et sur lequel les banquiers consentent des avances. Le warrant est transmissible par voie d'endossement.

Table des Matières.

Paris. — Imp. LAROUSSE, 17, rue Montparnasse. (T. L. 08-97.)

Bibliothèque
LAROUSSE

encyclopédique et illustrée

Publiée sous la direction de Georges MOREAU

La *Bibliothèque Larousse*, qui est une nouveauté en France, embrassera, dans une collection véritablement *encyclopédique*, à la fois tout ce qui intéresse la vie pratique (hygiène, économie domestique, connaissances techniques, etc.) et tout ce qui peut contribuer à la culture générale de l'esprit (lettres, arts, sciences, etc.). Divisée en plusieurs séries, elle ne comprend que de jolis volumes, illustrés toutes les fois qu'il y a lieu, et d'une forme soignée et élégante malgré leur extrême bon marché, et permettra à tout le monde de se constituer à peu de frais une bibliothèque d'un intérêt durable et d'une valeur réelle (format 13,5 × 20).

LITTÉRATURE

Balzac : **Le Père Goriot.** Avec portrait. Broché, 1 fr. ; relié toile.   1 fr. 30
Balzac : **Eugénie Grandet.** 1 portrait et 1 autogr. Br., 1 fr. ; relié t.   1 fr. 30
Balzac : **La Cousine Bette.** *Deux vol.* Chaque vol., br., 1 fr. ; rel. t.   1 fr. 30
Balzac : **Le Cousin Pons.** Avec portrait. Broché, 1 fr. ; relié toile.   1 fr. 30
Balzac : **Le Médecin de campagne.** Broché, 1 fr. ; relié toile. . .   1 fr. 30
Balzac : **Le Lys dans la vallée.** Broché, 1 fr. ; relié toile. . . . .   1 fr. 30
Alfred de Musset : **Premières poésies.** Broché, 1 fr. ; relié toile.   1 fr. 30
Alfred de Musset : **Poésies nouvelles.** Broché, 1 fr. ; relié toile. .   1 fr. 30
Alfred de Musset : **Comédies et Proverbes.** *Trois volumes.* Chaque volume,
broché, 1 fr. ; relié toile. . . . .   1 fr. 30
A. de Musset : **La Confession d'un enfant du siècle.** Br., 1 fr. ; rel. t.   1 fr. 30
Alfred de Musset : **Nouvelles.** Broché, 1 fr. ; relié toile. . . . . .   1 fr. 30
Alfred de Musset : **Contes.** Broché, 1 fr. ; relié toile. . . . . . .   1 fr. 30
Racine : **Théâtre illustré.** *Trois vol.* Chaque vol., br., 1 fr. ; rel. toile.   1 fr. 30

Les œuvres ci-dessus sont données *in extenso*, sans aucune coupure. On pourra ainsi se procurer désormais à peu de frais ces chefs-d'œuvre de notre littérature dans des éditions vraiment soignées et dignes de figurer dans une bibliothèque.

Anthologie des écrivains français du XIXᵉ siècle, par GAUTHIER-FERRIÈRES.
TOMES I et II : *Poésie.* Chaque vol., avec gr. et autogr., br., 1 fr. ; rel. t.   1 fr. 30

Montaigne, par Louis COQUELIN. Vie de Montaigne et étude de son œuvre (nombreux extraits). 6 gravures. Broché, 0 fr. 75 ; relié toile. . . . .   1 fr. 05

Musset, par GAUTHIER-FERRIÈRES, lauréat de l'Académie française. Vie de Musset, avec extraits de son œuvre. 4 grav. Broché, 0 fr. 75 ; relié toile.   1 fr. 05

(Voir la suite page suivante.)

Envoi franco au reçu d'un mandat-poste.